JESUS EM NAZARÉ

Hugo de Azevedo

2ª edição

QUADRANTE

São Paulo
2024

Copyright © 2015 Hugo de Azevedo

Capa
Karine Santos

Dados Internacionais de Catalogação na Publicação (CIP)

Azevedo, Hugo de
  Jesus em Nazaré / Hugo de Azevedo — 2ª ed. — São Paulo: Quadrante, 2024.

  ISBN: 978-85-7465-766-0

  1. Jesus Cristo (vida) 2. Meditações cristãs 3. Vida oculta de Jesus Cristo I. Título

CDD-232.40

Índice para catálogo sistemático:
1. Jesus Cristo (vida) : Meditações cristãs : Vida oculta de Jesus Cristo 232.40

Todos os direitos reservados a
QUADRANTE EDITORA
Rua Bernardo da Veiga, 47 - Tel.: 3873-2270
CEP 01252-020 - São Paulo - SP
www.quadrante.com.br / atendimento@quadrante.com.br

SUMÁRIO

INTRODUÇÃO	5
A VIDA CORRENTE	11
O TRABALHO	21
A MATERNIDADE	27
A PATERNIDADE	41
A CASA	59
A FAMÍLIA	69
A FESTA	79
OS PASTORES	85
A POLÍTICA	95
A GUERRA	103

O VÍCIO	109
AMOR E AMIZADE	117
A MALDADE	125
A BONDADE	133
SERVIR E MANDAR	139
O NEGÓCIO	147
AS ARTES	159
FARISEUS E PUBLICANOS	169
ESTE MUNDO DESIGUAL	177
CONCLUSÃO	185

INTRODUÇÃO

São parcos os episódios evangélicos referentes à vida de Jesus em Nazaré. A esse período de três décadas tem-se chamado "vida oculta", por tal motivo e por que Jesus só se revelou como o Messias, Filho de Deus, a partir do Batismo no Jordão.

Esse tempo — longo —, a que o Evangelho mal se refere, surge desprovido de significado próprio aos olhos de quem o considera superficialmente. E, no entanto, sempre sustentei que esse silêncio sobre a biografia do Mestre é bem eloquente e encerra lições maravilhosas para o cristão. Foram anos intensos de trabalho e de oração, em que Jesus Cristo teve uma vida normal — como a nossa, se o queremos —, divina e humana ao mesmo tempo.[1]

Se os Evangelhos não nos contam mais episódios da sua infância, adolescência, juventude e maturidade, certamente é porque a sua vida se desenrolou com naturalidade, e não houve nenhum acontecimento digno de menção especial, exceto a fuga para o Egito e a perda e o encontro de Jesus, aos doze anos, em Jerusalém. Mas, evidentemente, Jesus não se ocultou de ninguém durante esses trinta anos; nem sequer ao modo de João Batista, que se retirou desde moço para o deserto. Jesus mostrou-se como qualquer outro menino, como qualquer outro rapaz, como qualquer outro homem.

---

[1] Josemaria Escrivá, *Amigos de Deus*, 3ª edição, Quadrante, São Paulo, 2014, n. 56.

A sua vida pessoal inseria-se perfeitamente na vida comunitária de Nazaré. Tinha família, muitos amigos, certamente, e muitos conhecidos, e por eles era conhecido como filho de Maria e de José, como parente dos seus parentes, como carpinteiro, como judeu piedoso, enfim, como uma pessoa normal, de boa família, honesta e trabalhadora.

É possível, portanto, reconstituir com muito realismo — em traços gerais, obviamente — a sua vida em Nazaré. Basta imaginar como seria a vida de qualquer criança, rapaz e homem nesse tempo e nessa terra. E, com tal critério, belíssimas obras têm sido escritas. Mas, além disso, pode-se dizer que Ele próprio nos descreveu claramente a sua vida nesse período: por meio das parábolas. Com efeito, na pregação, não recorreu a histórias fabulosas; usou da experiência de todo tipo de situações que presenciou ou em que interveio.

Nisso se resume, afinal, a vida de qualquer pessoa a quem não acontece nada de extraordinário: na participação e acompanhamento da vida de todos. E foi exatamente o que Ele nos descreveu, com tão copiosos pormenores que as suas parábolas continuam hoje tão expressivas e vivazes como eram naquele tempo. Se não temos o gosto de ver Jesus em Nazaré, temos o prazer de ver Nazaré e o seu panorama social pelos olhos de Jesus, por meio dessas parábolas e imagens que lhe serviram de referência na pregação.

Nelas se manifesta, na verdade, um homem integrado à vida comum, atento ao que se passa à sua volta, desde as brincadeiras das crianças aos grandes problemas políticos do seu tempo, mas com a peculiaridade de extrair de tudo lições decisivas para a salvação das almas. Nunca nos esqueçamos de que esse homem normal, perfeitamente inserido na vida social, não é um homem qualquer, ainda que de extraordinária envergadura; Ele é Jesus Cristo, o Messias, o Redentor do mundo, o Verbo divino encarnado, perfeito Deus e perfeito Homem. Conhece tudo e todos desde toda a eternidade, e, no entanto, como perfeito homem, adquire também o conhecimento da vida progressivamente, como outra pessoa qualquer. A tudo assiste com interesse, curiosidade, entusiasmo ou repugnância, alegria ou tristeza, bom humor ou amargura. E de tudo participa de algum modo. Não é um observador diletante. É um homem do seu mundo.

Por outro lado, as parábolas revelam uma personalidade surpreendente, que possui um estilo descritivo inconfundível — pitoresco, realista, diferente, simples, sucinto, mas de grande força dramática —, que lhe permite transmitir lições de uma clareza e profundidade insuperáveis, e que, simultaneamente, nos faz ver, com os olhos de Jesus, como dizia, o ambiente em que Ele se criou e se desenvolveu, oferecendo-nos um "filme" muito completo e sugestivo da sua experiência humana, que nos serve também de reconstituição desse ambiente em que decorreu a maior parte da sua existência mortal.

A VIDA CORRENTE

Nas suas parábolas desenham-se inúmeras figuras representando diversos tipos de vida, e, por isso (embora quase nos passem despercebidas, por tão comuns), a mais frequente é a dos "servos", ou, como agora se diz, os "trabalhadores". Quem faz o mundo são eles. São eles que lavram e semeiam; que recolhem os frutos, que carregam, que constroem, que produzem, que vigiam, que consertam, que cozinham, que lavam, que atendem, que avisam, que informam, que fecham e abrem, que preparam, que arrumam... Essa é a paisagem humana, predominantemente laboral, que serve de fundo à pregação de Nosso Senhor.

Da lavoura fala bastante: do trigo, das figueiras, oliveiras e videiras; da erva do campo; da mostarda; dos incômodos espinheiros; das sementeiras, podas e ceifas; da armazenagem nos celeiros; dos estragos causados por vermes, ervas ruins e até pelos passarinhos; dos arados; das cercas e torres de vigia; dos poços; da necessária previsão do tempo; da fertilidade dos terrenos e sua diversa qualidade...

E aí O ouvimos falar da fabricação do pão e do seu misterioso fermento, da preparação das refeições, do sal (em saquinhos, geralmente), da boa vitela, do vinho novo e do velho (que é melhor), com os seus odres próprios (atenção à secura das peles!), do peixe e dos ovos...

Também O ouvimos falar da pecuária: aí aparecem as ovelhas e as cabras, guiadas pelos seus pastores, com os eventuais acidentes e doenças, mais o perigo dos lobos. Vemos pastos e currais. Aí passam camelos solenes, grunhem porcos... Jumentos e bois também comparecem, carregando fardos, dando voltas à mó, puxando as charruas, enquanto, pelos terreiros, revolvem a terra galinhas e pintos e, pelas cercanias, rondam matreiras raposas.

E o vestuário: as túnicas e as capas, trajes de festa ou de trabalho, de tecido bem puído (cuidado: não remendar com tecido novo!), mais as necessárias linhas e agulhas — que Ele tanto gostava de ver brilhar nas belas mãos de sua Mãe! Cintilam anéis, aspiram-se perfumes, ouvem-se canções e dança-se nos banquetes... Sem esquecer o que há de mais corriqueiro e humilde, como as "necessidades", feitas em algum local esconso.

Aí se levantam casas sólidas, bem alicerçadas, e as mal calculadas, inseguras; aí se escora a ridícula torre inacabada;

aí os terraços, as portas, as chaves ou trancas; aí, as camas, mesas e cadeiras, as candeias, as arcas, a vassoura... Dali se divisam os palácios dos poderosos e os degraus dos mendigos... Por ali vagueiam cães escanzelados. Mais além, sepulcros abandonados ou pintados de fresco. E, ao lado dos caminhos poeirentos, manchas de florzinhas do campo, renques de belíssimos lírios, ondulantes canaviais...

Jesus não era homem do mar, mas conhecia a labuta da pesca, da qual provinha um dos alimentos mais comuns da sua terra. E também o mar brilha nas suas parábolas: as redes que pescam peixes bons e maus, o duro trabalho da recolha e da limpeza, separando o que presta do que não serve para nada: o peixinho fresco, que atrai o olhar das crianças; e algas, porcarias, conchas vazias, cordas apodrecidas... E depois o paciente remendar das redes rasgadas.

Nosso Senhor era carpinteiro ou marceneiro, e talvez ferreiro ao mesmo tempo, para dotar das ferragens necessárias as charruas, portas, arcas, e outras peças do mobiliário caseiro. Traduzido do latim, era um *faber* (cf. Mc 6, 3). *Faber* quer dizer trabalhador, um trabalhador que "fabrica"; não propriamente um "fabricante" no sentido moderno de "industrial", mas um "artesão", um homem que tanto fabrica objetos à mão, peças de mobília e instrumentos de uso cotidiano, como se encarrega de obras maiores de carpintaria, que eram fundamentais na construção. Não faltavam casas com alicerces e muros de pedra, mas mesmo essas, em grande parte, eram compostas de traves de madeira, que deviam ser bem calculadas e devidamente colocadas. Totalmente de pedra, nem as de luxo, pois, sem essas vigas, seriam perigosas nos terremotos.

Era um artesão, e não propriamente um "artista", porque nesse caso dar-se-lhe-ia o nome de ourives, oleiro, tecelão, ou qualquer outro nome de ofício mais diferenciado. Dizendo o Evangelho simplesmente "artesão", significa que Jesus teve um ofício manual mais genérico; e que poderia ser, senão o que a tradição lhe atribui? Era um "faz-tudo" da terra: tanto fabricava um arado como erguia um cercado, cobria um terraço ou montava uma escadaria. E como vemos os marceneiros, ainda hoje, de lápis na orelha, também nesse tempo Ele usava assim um pedacinho de madeira, como distintivo profissional. Menos aos sábados, dia em que a condição profissional desaparecia.

Além de carpinteiro, Jesus trabalhou de muitos outros modos, e certamente com o gado. Teve de cuidar de ovelhas e cabras, assim como de jumentos e vacas, de galinhas e pintos, cujos hábitos conhecia perfeitamente. E foi agricultor, pois ninguém se dispensava de cultivar um pedaço de terra: de a cavar, adubar, semear, plantar, regar etc. Ceifou, colheu, recolheu em celeiros; carregou farinha; aprendeu a cozer pão, preparou refeições... Transportou animais e produtos agrícolas ao mercado, para venda ou troca. Negociou em utensílios do campo e domésticos, além de fabricar e consertar utensílios, quando isso lhe era encomendado. Ajudou a cavar cisternas, a erguer muros, a abrir caminhos. Carregou fardos, cestos, barris , vasos, vigas, arcas... Pisou uvas, raspou couros, coseu odres, extraiu mel das colmeias; serviu gente rica e gente pobre que o contratava por jornada ou por tarefa. Esporadicamente, caçou e pescou nas redondezas. Participou da caça aos lobos que ameaçavam a aldeia e às raposas que assaltavam capoeiras...

Por outro lado, conheceu e utilizou o trabalho de tecelões, lavradores, negociantes, cobradores de impostos e cambistas, funcionários públicos etc. Conviveu com todo os tipos de pessoas, de qualquer estado e condição, seus clientes, vizinhos ou passantes, colegas de ofício, estalajadeiros, capatazes, administradores de fazendas e fortunas, mendigos, loucos, bêbados, doentes crônicos, ceguinhos etc. Ouviu histórias velhas à lareira, lendárias ou verdadeiras; notícias de longe e de perto; canções do povo, cantigas improvisadas; assistiu a fantasias cômicas ou artísticas... Viu passar legiões, viu chegar e partir estrangeiros e judeus, parentes e personalidades públicas... Assistiu a rixas brutais e brigas de comadres; soube de acidentes, desgraças e sortes imprevistas... Sofreu murmurações, acusações, calúnias, mal-entendidos, queixas; e recebeu elogios, gratidões, presentes, amizade... Soube de ódios antigos e novos, de vinganças e perdões, de vícios escabrosos e patológicos; de bestialidades e suicídios, de heroicidades e nobrezas sublimes, de prodigalidades e avarezas, de parlapatões, de hipócritas e de gente séria; de sábios e de ignorantes; de humor fino e humor grosso; de mandriões e artistas...

Enfim, soube por experiência própria da confusa e contraditória condição humana, que as Sagradas Escrituras registram sem a mínima concessão àquilo a que os britânicos chamam *wishful--thinking*, isto é, sem estilização benevolente, idealizada, mais conforme aos nossos próprios desejos.

Nas suas parábolas e comparações, todos esses ambientes perpassam em traços vivos, plasmando-se em "estórias" coladas à mais bela ou mais crua realidade, umas vezes em caricatura, outras em leve esboço, em diferentes versões, compostas segundo a lição a extrair de cada uma delas. E a sua inspiração na autêntica natureza humana ferida pelo pecado garante-lhes a qualidade e a riqueza psicológica das verdadeiras obras de arte.

O TRABALHO

Quase todas as imagens, comparações e parábolas de Jesus, como vimos, são referentes ao trabalho, porque tal é a substância da sociedade: o trabalho bem ou mal feito, com diligência, preguiça ou leviandade, e o contratrabalho do crime ou da fraude, ou do ócio, culpável ou inculpável, por desemprego. Não pretende com elas expor diretamente uma "doutrina social", ou uma espécie de ética profissional. Vai mais alto, ao último fim do trabalho e da vida humana, de onde origina-se toda a doutrina da salvação. O homem tem de salvar-se no meio de toda espécie de estruturas, boas e más, e entre as virtudes e os vícios das pessoas. Tem de salvar-se na realidade circundante, sem esperar o advento de sociedades ideais, embora a salvação implique não só a responsabilidade pessoal pelo destino de cada um, mas também o empenho em contribuir para a melhoria geral da comunidade — sabendo, todavia, que a forma mais eficaz de o fazer consiste primariamente no bom comportamento individual, que serve de exemplo e de fermento ao progresso comunitário.

Quase todas as parábolas ou comparações do Senhor se referem ao trabalho, dizia, a todo gênero de trabalhos: domésticos, agrícolas, empresariais, políticos. O próprio jogo infantil da cantilena, em que os meninos se dividiam em grupos e mutuamente se desafiavam — *Tocamos flauta e não bailastes; entoamos lamentações e não chorastes* (Mt 11, 18) — constitui um trabalho também. Não nos esqueçamos de que o trabalho das crianças consiste na aprendizagem da vida, feita de jogos e de imitações.

A existência humana realmente nos é apresentada, desde as nossas primeiras impressões, como uma espécie de jogo e, por isso mesmo, os jogos, quaisquer que sejam, nos atraem. A nossa existência compõe-se de sucessivos desafios ou problemas a resolver, num processo interminável e cada vez mais exigente e estimulante, na expectativa de vitórias e prêmios cada vez mais importantes, ou mais angustiantes, no anseio de resolver dificuldades. E o caráter social do homem leva-o a tentar vencer os obstáculos em grupo, ou em grupos que se cotejam, se aliam ou rivalizam. As crianças absorvem espontânea e intuitivamente essa grande lei da vida, e reproduzem-na o tempo todo, tentando ganhar sempre, quer por sua própria habilidade, quer por boa escolha de parceiros.

Em linguagem informática, dir-se-ia que o principal trabalho infantil consiste em "formatar-se", para adquirir uma ordenação interior capaz de assimilar o maior número possível de "sistemas", "programas" e "arquivos" com que terá de lidar depois, ao longo dos anos. E essa "formatação" resume-se basicamente nas leis do jogo.

Dizia que até a referência à cantilena dos meninos do seu tempo é uma referência ao trabalho: ao correto trabalho infantil. Pois também ao trabalho se refere quando fala da mulher que vai dar à luz: basta-nos recordar a clássica expressão "trabalhos de parto". Aliás, se por trabalho entendemos uma ocupação útil, que melhor e mais importante haverá do que essa? Que melhor e mais importante "produção", e mais útil, do que trazer novos homens ao mundo?

Fora do âmbito laboral, só recordo, nas parábolas, a alusão a um pormenor de boa educação: a de não se ocuparem os primeiros lugares à mesa quando se for convidado. E a chamada de atenção para os pássaros e os lírios do campo, que *não semeiam nem ceifam* (Mt 6, 26), *não trabalham nem fiam* (Mt 6, 28). Mas a sua contínua busca do alimento que Deus lhes providencia é algo paralelo ao trabalho: é a ocupação instintiva dos animais e das plantas, em obediência, ou melhor, em cumprimento fatal da vontade divina.

Talvez se pudessem considerar ainda fora desse âmbito laboral a expectativa das damas de honra, as donzelas que esperam a chegada dos noivos após o banquete de núpcias. Contudo, isso também faz parte das ocupações úteis da vida, e requer tanta dedicação como a dos servos *que esperam o seu senhor* (Lc 12, 36), ou como a dos pais quando um filho lhes pede um pão ou um peixe

(Mt 7, 9-10). A vida social também é necessária e obriga a diversas e convenientes ocupações.

A MATERNIDADE

Podíamos começar, pois, pelo primeiro trabalho, que é o do parto. Ao dos animais de curral certamente terá Jesus assistido muitas vezes. E ao das mulheres?

Além de saber dos trabalhos, felizes ou infelizes, de tantas parturientes de Nazaré (e de outras terras), terá Nosso Senhor assistido pessoalmente a algum parto? Para ajudar sua Mãe quando era chamada por parentes ou vizinhas? Por alguma urgência irrecusável? Não é provável, mas tampouco inverossímil, numa aldeia e num tempo em que a única assistência "clínica" era a de mulheres mais experientes ou hábeis e em que as situações de emergência eram frequentes.

Acerca do trabalho de parto, contudo, Nosso Senhor ressalta apenas a angústia desse transe doloroso e a posterior alegria da mãe, que lhe faz "esquecer" todo o sofrimento passado, por ter *nascido um homem para o mundo* (Jo 16, 21), diz Nosso Senhor com solene simplicidade.

Na verdade, a alegria da mãe não se limita a "adquirir" um filho. É uma alegria maior, grandiosa, transcendente: *dar à luz* um novo homem! Por meio dela, de certo modo, recomeça a Humanidade! Ninguém mais poderoso do que ela, excetuando Deus! Ninguém capaz de produzir maior riqueza! Uma riqueza que é o fim e o princípio da sociedade e o maior tesouro do mundo. Nenhum rei, nenhum multimilionário, nenhum político, nenhum artista, nenhum empresário conseguiria o que ela gerou!

E a sua alegria supera qualquer conquista individual: "deu" à luz um homem! *Ofereceu* ao mundo um novo ser humano! Gerou no seu ventre e entregou a Deus e a todos nós mais um filho de Deus e um irmão nosso! Tem imediata percepção de que o filho só lhe pertence por provir dela, e que desde o instante do nascimento passa a outro domínio: é alguém soberano, autônomo e, ao mesmo tempo, pertença de Deus e da humanidade inteira.

Sente-se merecedora do maior prêmio possível, embora não aspire senão a servir o filho até o fim da vida. Ao gestar o menino, a mulher nasce como mãe. A menos que uma profunda deformação de caráter haja acontecido, dá-se na mulher uma espécie de milagre de amor: deixa de existir para si mesma e passa a viver, a partir de então, condicionada à sorte do filho; a sua vida torna-se inseparável da felicidade ou desgraça dele, do seu destino. Com efeito, o amor humano alcança na mãe um extremo impossível de se conseguir de outro modo, exceto pela graça de Deus.

E, se a mãe é cristã piedosa, a sua alegria natural acumula-se com a sobrenatural. "Quando vós éreis batizados", contava-me a minha mãe, "não era costume a mãe acompanhar os filhos à igreja. Eu ficava em casa, e quando ouvia tocar o sino, dizia: 'Meu Deus, mais um cristãozinho!'".

Na comparação da tristeza dos Apóstolos com as angústias da mulher que vai dar à luz, Nosso Senhor proclama aquilo a que João Paulo II chamou "o Evangelho da Vida".[1] A vida humana continua sendo o fruto supremo da Criação. Se toda a Natureza é "boa", ao criar o homem e a mulher, Deus declara que tudo passa a ser *muito bom* (Gn 1, 31). Nada

---

[1] João Paulo II, Carta Encíclica *Evangelium Vitae*, 25 de março de 1995.

melhor no mundo do que o ser humano, o ser que dá sentido e, portanto, valor, a toda a restante Criação. Ele é "a única criatura sobre a terra querida por Deus por si mesma", como afirma o Vaticano II[2]. Vale a pena tudo o que servir à vida humana. Esta é, por natureza, o fim do Universo. E tudo o que for instrumentalizar a vida humana para outros fins significa o maior transtorno possível da sociedade, constituindo ao mesmo tempo a maior perversão da inteligência e da liberdade humanas.

Quando um nascimento não é acompanhado da alegria de vir "mais um homem ao mundo", o mundo escurece, e a sociedade converte-se numa comunidade de cegos. Nenhuma outra satisfação compensa a escuridão que cai

---

[2] Constituição Pastoral *Gaudium et spes* sobre a igreja no mundo atual, 07.12.1965, n. 24.

então sobre nós. Não é estranho então que a mulher, confundindo a sujeição amorosa aos filhos com uma submissão humilhante ao homem, ao varão, se sinta sem dignidade e a procure afanosamente — não por gosto, mas por compensação — noutras vertentes de relevo social. Nem é de estranhar que, paradoxalmente, seja vista cada vez com menos deferência. Ao fugir à prole, o varão pensa nela somente como objeto de gozo. E a mulher balança entre frustrações contraditórias: procura escapar da sua condição feminina para se equiparar ao homem e não se deixar dominar por ele, e uma forte desilusão a espera — precisamente a perda da sua feminilidade. Paralelamente, sente-se frustrado o homem por não reconhecer nela a verdadeira companheira de que necessita, mas apenas um complemento físico, anatômico, da sua masculinidade.

Note-se: tal como o homem não necessita da procriação carnal para ser fiel à sua masculinidade, também a mulher não precisa da maternidade física para manter e desenvolver a sua feminilidade, visto que o caráter masculino e o feminino se mantêm mesmo sem exercício da sexualidade, ou quando o exercício da genitalidade não frutifica na procriação. Mas, quando o homem ou a mulher limitam a fecundidade por preteri-la em relação a outros fins menores, a vida perde realmente o seu sentido, orientando-se para si mesma (para eles mesmos), em vez de se dirigir ao serviço de Deus e do próximo. Tudo na vida baixa de transcendência, de humanidade. Inclusive, dentro dessa mentalidade, mesmo quando vem a prole, a mulher não sente a alegria de *dar* um homem ao mundo, mas só a de *receber* um homem para si; e uma *pessoa-para--outra-pessoa* tem condição de escravo ou de objeto, não de filho. Nesse caso, não existe verdadeira maternidade.

Jesus registra a natural alegria da mulher por vir "mais um homem ao mundo", e assim confirma a justeza desse júbilo: um homem vale o mais doloroso parto; pena que se esquece depois do tanto que valeu. A vida humana vale muitos sacrifícios. Vale mais do que o trabalho, pois o trabalho se destina ao homem; o homem é o fim de todos os trabalhos. É o fim da economia, da ciência, da política, da arte, de qualquer atividade humana. Perdido este critério fundamental, a sociedade enlouquece.

* * *

Poderíamos perguntar por que motivo Nosso Senhor não utiliza mais nas suas parábolas a figura amabilíssima da mãe para nos convencer do extraordinário amor que Deus nos vota. Já o fizera no Antigo Testamento de vários modos e sobretudo com aquela comparação maravilhosa, que sempre nos comoverá até o fundo do coração: *Pode a mãe esquecer-se do seu filhinho, não se enternecer pelo fruto das suas entranhas? Pois bem: ainda que a mulher se esqueça do filho, Eu nunca me esquecerei de ti!* (Is 49, 15). Mas, no Evangelho, é sempre um pai que representa o amor de Deus por nós. Talvez porque — e sobretudo naquela época — convinha que a imagem de Deus todo-poderoso não assumisse a figura do "sexo frágil", da mulher submissa, (tanto mais que abundavam nas mitologias pagãs as deusas femininas), mas sim que se apresentasse a nós com a máxima autoridade, patriarcal, absoluta. Aliás, já assim era representado no Antigo Testamento, como "o Ancião" nas visões do profeta Daniel (cf. Dn 7, 9), rei onipotente, no seu trono esplendoroso, cercado pelos exércitos celestiais, cujas figuras não podiam deixar de ser também homens fortes e aguerridos.

Contudo, como vemos na comparação citada da mulher que não esquece o filhinho, já o Antigo Testamento recorria à ternura materna para exprimir a infinita misericórdia divina. Na verdade, todas as relações amorosas que o homem pode estabelecer são uma espécie de "refração" do amor simplicíssimo de Deus, como as cores do arco-íris decompõem a luz cristalina do sol, como já dissemos, mas o amor materno é o que melhor o exprime neste mundo; logo, ele não poderia faltar nas parábolas de Jesus. Onde o encontraremos? Onde nos parece que mais falta faz: na parábola do filho pródigo, na qual, estranhamente, só figuram o pai, os irmãos e os servos.

Teremos de considerá-la a seguir, para nos referirmos à paternidade, mas vale a pena, antes disso, procurar a mãe, que parece ausente na hora mais emotiva do desfecho da parábola. Ora, se a lermos com atenção, verificaremos que quem desaparece da "estória" é precisamente o pai: o carinho extraordinário manifestado no acolhimento familiar do inconsequente arrependido e esfarrapado tem muito pouco de masculino, de paterno; é de uma ternura totalmente feminina e maternal.

O melhor pai esperaria, ansioso, pelo filho desgraçado; encher-se-ia de júbilo só de suspeitar que é ele mesmo que aí vem, curvado e vagaroso, sob o peso das suas culpas? Mas que pai não procuraria aparentar a severidade condizente com a imagem de autoridade que deve manter em todas as circunstâncias? "Deixai-o vir, que será perdoado", pensa ou diz, embora com lágrimas nos olhos, desejando abraçá-lo e conceder-lhe, magnânimo, o seu perdão... A mãe? A mãe quer lá saber, quer lá "perdoar"! Que lhe importa a sua imagem? A única coisa que sabe e lhe interessa é que o seu pobre filhinho regressou, e corre para ele, e abraça-o, e aperta-o ao peito, e enche-o de beijos!

Pois é isso exatamente o que diz a parábola: *cobriu-o de beijos* (Lc 15, 20). É, ou não, uma atitude materna? E não é materno o diálogo que se segue? O filho tentando repetir o breve discurso ensaiado para frear a ira do pai, mas que não chega a completar, abafado pelos beijos maternais, compreendendo imediatamente o disparate de se oferecer *como um dos teus empregados...* (15, 19) Qual empregado! Como podia deixar de ser filho? Um pai bom o deixaria terminar o discurso, para então lhe responder que não, que está tudo esquecido; à mãe nem lhe passa pela cabeça repreender o pobre filho, mas só alegrar-se com o seu regresso, coitado, tão magrinho, tão cansado e tão sujinho... Vão buscar depressa uma veste, a melhor que houver, e o calçado para aqueles pés chagados, e preparem-lhe um banho, e um bom jantar — a melhor vitela! — e arrumem-lhe o quarto! E chamem toda a gente, deixem o que estiverem a fazer, que o menino chegou!

Lendo com atenção a parábola, quem parece ausente, na verdade, é o pai, não a mãe. Inclusive, no diálogo seguinte, com o filho mais velho, escandalizado por aquela recepção principesca ao irmão vadio: um pai lhe diria que se deixasse de zanga e acatasse o que ele resolvera; a mãe, não; vai pedir-lhe por favor que não se aborreça com o pobre irmão e que participe da festa.

Talvez Nosso Senhor tenha usado na parábola a figura do pai, e não a da mãe, justamente para torná-la ainda mais expressiva; pois, do contrário, o recebimento carinhoso do filho pela mãe não passaria de um episódio comum.

E, nessa altura, o arrependimento não teria de ser tão sincero e humilde como Jesus queria realçar; para uma mãe, o "filho pródigo" seria sempre bem recebido, mesmo sabendo que ele regressa por não ter outra solução. Contudo, essa é também uma das lições da parábola: mesmo sabendo da fraqueza das nossas disposições, Nosso Senhor "aproveita" o mínimo arrependimento para nos lavar do pecado; e volta a confiar em nós... Sete vezes? *Setenta vezes sete* (Mt 8, 22), diariamente, se for preciso.

A PATERNIDADE

Mas as parábolas de Jesus referem-se mais frequentemente aos pais. E, ao falar deles, em geral, mostra-os dando sempre boas coisas aos seus filhos e tratando-os com paciência, confiança e generosidade. Fala-nos desse pai generosíssimo que recebe o mau filho como se fosse um príncipe; de outro, ainda, que se recolhe a horas com a família e resiste a incomodá-la quando se vê importunado pelo vizinho; de reis que festejam com magnificência o casamento de seus filhos; e, ainda, de pais de família que administram cuidadosamente os bens da família; ou daquele outro que estaria vigilante se soubesse a que horas os ladrões viriam assaltar a casa; daquele que solicita a ajuda de dois filhos, mas se vê diversamente obedecido por eles; de outro, ainda, que confia ao filho uma difícil missão, da qual lhe resultará, infelizmente, a morte; crime, porém, que não deixará sem castigo...

Não fala de nenhum pai mau, pelo menos com relação aos filhos, embora apresente alguns muito severos com os convidados ou com os servos.

A que experiências pessoais correspondem todas essas figuras paternas? Em primeiro lugar, ao convívio com o seu próprio pai terreno, José, seu Pai virginal, como virginal foi sua Mãe, Maria Santíssima; depois, ao conhecimento de tantos outros pais, parentes seus ou não, pobres, remediados, ou ricos e poderosos, com quem terá lidado ou de quem ouvira falar. De qualquer forma, tal como faz com as demais figuras, não "idealiza" os pais de família, mas coloca-os em situações muito diversas e com diversas problemáticas, tal como acontece na vida real.

Ao pai compete primariamente a responsabilidade geral da casa, a sua ordem, a sua guarda, e a sustentação e educação dos filhos. O bom pai procura sempre o bem destes, quer quando se portam bem, quer quando não. Respeita a liberdade dos filhos, mas espera deles a obediência, o trabalho, a compreensão e o amor para com os irmãos, o sentido de responsabilidade familiar, o espírito de sacrifício. Conta com as fraquezas, as imperfeições e os erros dos filhos; mas conta também com o arrependimento e retificação das suas faltas, disposto a retomar a relação amistosa com eles, sem guardar nenhum ressentimento, mas, pelo contrário, tratando-os ainda com mais afeto e confiança. Essa é a pedagogia paterna que se recolhe das parábolas.

Jesus cresceu nesse clima doméstico, em Nazaré. São José, apesar de ser um chefe de família patriarcal, segundo a orgânica social e familiar do tempo, tratou-O sempre com imenso respeito, consciente de Ele ser o próprio Deus, mas também porque Jesus era o "primogênito", o seu herdeiro e natural sucessor. O que não quer dizer que não O educasse, não lhe indicasse os seus deveres e não O corrigisse muitas vezes. Com efeito, por ser perfeito homem, Jesus foi perfeita criança, perfeito adolescente e perfeito jovem. Em cada uma das idades necessitou de aprender o que *naturalmente* não sabia ou ainda não constituía hábito pessoal. E ao pai competia boa parte da sua educação em todos os aspectos: cultural, religioso, profissional etc.

José teve de lhe explicar tantas coisas que uma criança ignora, ensiná-lo a reagir corretamente perante diversas situações, recordar-lhe muitas lições já recebidas e ajudá-lo a praticá-las, e corrigir-lhe inúmeras tentativas malogradas ou imperfeitas de cumpri-las... E mais do que isso: teve de usar de paciência com as suas naturais e repetidas distrações de menino, deixá-lO conhecer por si mesmo as consequências dolorosas ou inconvenientes das suas opções, e talvez pedir-lhe desculpa por não ter sabido explicar-se em alguns casos... Tudo isso faz parte da boa educação, e Jesus quis submeter-se a ela com toda a naturalidade da criatura.

Por isso mesmo, Jesus Cristo também experimentou o perdão paterno, quando, em plena adolescência, e como perfeito adolescente, fez sofrer terrivelmente os seus pais. Com o despertar da personalidade e a aparente irresponsabilidade característica desse período etário, desprendeu-se da família e desentendeu-se com ela, ao não pedir licença nem avisar ninguém acerca da sua disposição de permanecer em Jerusalém por sua conta e risco (cf. Lc 2, 41-52). É fácil imaginar a aflição de Maria e de José durante esses três longos dias, até O encontrarem no Templo, e a perplexidade de ambos ao verificarem no Filho a falta de qualquer preocupação a respeito deles; e inclusive a sua atitude de estranheza pela angústia deles e pelo pedido de explicações.

Nessa ocasião, o pai mantém-se em silêncio; é Maria quem exprime a dor de ambos por aquele comportamento inesperado. Mas nem o diálogo suaviza o sofrimento dos pais. Pelo contrário, ainda mais o agrava, ao ouvirem Jesus negar implicitamente a sua filiação terrena e invocar a filiação divina como única a respeitar. Pelo seguimento do episódio, sabemos que, na verdade, não negou a filiação humana, visto que se manteve *submisso* (Lc 2, 51) a eles como antes; simplesmente lhes recordou que é de Deus que *toda paternidade toma o nome* (Ef 3, 15), ou seja, que a "verdadeira" paternidade é a divina, sendo as outras apenas uma participação nela.

A situação é decerto muito peculiar, pois se trata realmente do Filho de Deus, com toda a independência divina, mas reproduz uma situação humana e familiar dolorosa bastante comum — aliás, normal, corrente, inevitável e até saudável —, embora nem sempre com o mesmo grau de dramatismo.

Ao dar-se conta do seu desenvolvimento corporal e com o despertar da afetividade, a criança perturba-se. Pertencia a um mundo infantil e vê-se de repente entrar no mundo dos "grandes", dos "velhos". Sente-se ainda preso ao primeiro, e temeroso do segundo. Balança entre a puerilidade e a responsabilidade de homem feito. Quer brincar e ao mesmo tempo afirmar-se perante os "velhotes". Anseia pelo mundo dos "grandes", mas, simultaneamente, teme-o e critica-o. Quer lidar com os crescidos em igualdade de condições, mas ainda não sabe como. Quer dizer-lhes que já não é um "menino da mamãe", mas, desajeitadamente, experimenta atitudes de independência, por meio do isolamento, da rebeldia e da adesão a grupos de amigos da mesma idade. O diálogo "não lhe convém", pois os crescidos são peritos em respostas que o vencem e o humilham. Por outro lado, não sabe ainda bem o que pretende nem o que o espera, e entra em sonhos e perplexidades, por vezes angustiantes. Enfim, costuma ser uma fase difícil para ele e para os outros: nem ele se entende, nem os outros o compreendem. E, geralmente, é custoso para os pais reconhecerem que o filho deixou de ser criança. Quase lhes parece que estão a perder um filho!

Efetivamente, há sempre dificuldade por parte dos pais em se adaptarem ao desenvolvimento dos filhos, tanto mais que essa evolução é quase imperceptível durante longos períodos, e de vez em quando é súbita e profunda. A mais apurada previsão não consegue detectar todas as variações de caráter da criança-homem, e obriga a um duro esforço de aceitação, paciência e adaptação. Jesus percebeu claramente esse esforço por parte de José, cuja serenidade não ocultaria por completo a sua tensão interior algumas vezes.

Jesus regressou a Nazaré e voltou a ser-lhes submisso, obediente, dócil. Tudo retornou à normalidade, sem que os pais O tivessem castigado ou modificado substancialmente o tratamento anterior para com Ele. É mais que certo, porém, que já não O tratariam como menino, mas de acordo com o seu normal crescimento.

Pode dizer-se, portanto, que o Senhor conheceu pessoalmente o "perdão" paterno, embora não consistisse propriamente no perdão de alguma culpa, mas sim numa atitude de custosa aceitação, por parte dos pais, do sofrimento que lhes infligira o Filho, e sem guardarem nenhum ressentimento por isso. Jesus soube por experiência própria o que significa "voltar ao lar paterno", sendo recebido com o mesmo amor de antes, e ainda mais. Na verdade, São José não se limitaria a *resignar-se* à sua missão paterna; aprofundaria na lição que Deus lhe dava através daquele episódio tão penoso, e adaptar-se-ia às novas circunstâncias.

Com a sua santíssima humanidade, Nosso Senhor santificou, consagrou, divinizou, elevou à ordem sobrenatural tudo o que é humano (e honesto, evidentemente), e, nesse sentido, pode dizer-se que santificou também a normal rebeldia dos adolescentes. Essa rebeldia não é um defeito, mas uma etapa necessária ao desenvolvimento humano: é a tomada de consciência da autonomia e responsabilidade individuais.

Chega sempre (deve chegar sempre) uma altura em que o rapaz ou a moça descobre que não pertence a ninguém — como animal, como objeto —, nem sequer aos pais, mas que cada um ("pertencendo" de algum modo a todos, já que a todos se liga e dos outros depende), é pessoalmente responsável por si mesmo. No aspecto espiritual, a adolescência é época também da reafirmação na fé. Chega um momento em que o cristão tem de aderir conscientemente à fé recebida no Batismo, até então praticada quase por inércia ou costume familiar, ainda que com autêntica devoção. A inteligência abre-se a questões importantes, que exigem respostas; e o jovem precisa descobri-las para se confirmar na fé.

Assim os pais devem contar com a constante "surpresa" dos filhos e dar graças a Deus por não terem "bonecos" ou "autômatos" às suas ordens, mas autênticas pessoas, dotadas de liberdade, senhores do seu próprio destino. Realmente, a bondade paterna inclui duas atitudes aparentemente contraditórias, mas que, na verdade, não o são: um grande amor e um perfeito desprendimento dos filhos. Sem desprendimento não há verdadeiro amor, pois começa por não haver respeito. A fase da separação (pelo crescimento) é justamente a fase da purificação amorosa dos pais: a criança transformou-se em homem, numa espécie de irmão mais novo, e os pais devem descobrir então que um filho é realmente, e sobretudo, um irmão que Deus lhes confiou, sendo ambos — pai e filho — filhos de Deus. A partir dessa convicção (que não precisa de se adiar até a adolescência) é que se organiza a melhor educação: quando os pais se tornam capazes de falar com os filhos "de homem para homem", e não de cima para baixo.

* * *

A experiência mais íntima que Jesus tem de um pai de família é a de São José, um pai que ama o filho, só lhe deseja o bem e só lhe diz e dá boas coisas; um pai que governa efetivamente a sua casa e estabelece a ordem sem a qual não existe vida familiar; um pai que se deita à mesma hora de todos, depois de fechar a casa, e que procura defender o necessário repouso da família; aquele que resiste aos importunos (como o da parábola dos pães no capítulo 11 de São Lucas), não porque lhe falte amizade nem generosidade, mas porque a caridade tem a sua "ordem", começando pelos mais próximos, que são os do seu lar, embora sempre disposto a abrir exceção quando outra "ordem" se sobrepõe: a ordem da necessidade, que nos leva a atender em primeiro lugar os que mais precisam.

Assim, as parábolas nos descrevem o bom chefe de família: aquele que toma como sua missão principal, como tarefa mais importante, o seu próprio lar. Toda a restante ocupação, e nomeadamente a profissional, está a serviço dessa primeira responsabilidade. A ocupação laboral não deve colocar-se em primeiro plano, mas em segundo, pois, de outro modo, perderia o seu sentido de serviço ao próximo e se converteria em egoísmo, ainda que disfarçado de altruísmo. Quando a profissão serve de justificativa para abandonar a missão paterna, ou para prejudicá-la, é porque o homem oferece à família *os seus serviços*, mas não se entrega *a si mesmo*; no fundo, continua solto, "solteiro", dono arbitrário do seu tempo e das suas energias (e às vezes até do "seu" dinheiro), que julga poder distribuir conforme lhe apetecer e a quem lhe apetecer. *Dá*, possivelmente trata bem a muitos, mas *não se dá*. Diz-se marido e pai, mas comporta-se como se não tivesse tal compromisso.

Outra coisa será a eventual necessidade de separação para procurar o sustento da família. Caso dramático sempre, que o bom pai tentará resolver o quanto antes, e que, não lhe sendo possível, compensará como puder, mas a que nunca se habituará. E preferirá a pobreza suportável ao enriquecimento, visto que nenhuma riqueza se compara à de uma família unida. O *direito aos pais* é o primeiro direito de uma criança, depois do abrigo e da alimentação. E direito aos pais significa "ao tempo dos pais", à convivência com eles.

Jesus teve, com certeza, de separar-se frequentemente dos pais por motivo de trabalho. Não estariam sempre juntos. Mas conviviam diariamente, de modo habitual, e trabalhavam juntos muitas vezes. Aliás, durante o tempo "escolar", enquanto Menino e aprendiz da sua profissão, que era a do seu pai, necessariamente gozaram de uma estreita convivência. E mesmo depois: não é concebível que Jesus montasse mais tarde oficina diferente da do seu pai. Desse modo, José teve oportunidade de transmitir ao Filho muita da sua experiência e sabedoria. Com efeito, dos pais não esperamos apenas o amor, a solicitude, o amparo; esperamos a transmissão de um conhecimento da vida que nos permita seguir sem tropeços os caminhos da nossa existência, livremente, sim, mas com segurança e bom critério de valores. E como receberemos tudo isso sem diálogo com os pais, sem partilharmos das suas memórias, dos seus problemas passados, das suas alegrias e tristezas, dos seus próprios erros, do que eles aprenderam dos mais velhos, dos princípios que os norteiam, das suas leituras, do seu juízo sobre pessoas e acontecimentos? Do seu exemplo? Evidentemente, mas não basta. Precisamos dos seus conselhos, ainda que deles discordemos algumas vezes. Para um filho esses conselhos são sempre o melhor ponto de partida.

Ora, essa educação não é condensável em sermões esporádicos e solenes; em alguma circunstância, os "sermões paternos" serão necessários, mas revestem-se geralmente de uma desagradável artificialidade e não permitem a desenvoltura do verdadeiro diálogo. Nada substitui a conversa amistosa e informal do dia a dia, e esta só no cotidiano se gera com naturalidade.

Jesus conheceu um bom pai, um homem que não primava por solenes palavras (não consta uma só nos Evangelhos), mas que O escutava com gosto, e de quem ouvia tanta resposta acertada, tanto comentário útil, tanta recordação saborosa, tanto conselho simples e despretensioso, tanta recomendação oportuna! Nada disso foi registrado em documentos, mas ficou gravado na alma do próprio Verbo Encarnado. Quantas das atitudes, palavras e gestos de Nosso Senhor reproduziriam o que aprendera de José! Possivelmente até na sua oração. Possivelmente até nas suas parábolas, no seu modo de observar o mundo, de o comentar, e de o referir ao Pai divino.

A CASA

José, o Guarda da Sagrada Família! Guardou fiel e heroicamente a sua Esposa, o seu Filho, a sua Casa. E guardou-os mesmo no sentido material e físico: dos ladrões, dos atrevidos, da intempérie, da fome, da doença.

Nosso Senhor fala de um pai de família que teria guardado a sua casa de um assalto se soubesse a que horas viria o ladrão (cf. Mt 24, 43). A possibilidade de roubos violentos fazia parte, portanto, do ambiente da época, tal como hoje. De vez em quando aconteceria isso em Nazaré. Compreende-se que o pai de família da outra parábola ficasse incomodado com a impertinência do vizinho que lhe veio pedir pães tarde da noite, quando já tinha trancado a porta. Não podia atendê-lo sem forte ruído, perturbando o sono dos que lá dormiam, e, além disso, a noite era sempre a hora mais perigosa. Não convinha abrir a casa nessa altura.

Ainda hoje a própria polícia — que então não existia — é bastante ineficaz a tais horas. Os aldeões conheciam gente miserável, bandos de malfeitores, loucos ou inimigos, capazes de aproveitar a solidão noturna para os atacar e roubar. Algumas vezes uma suspeita ou um aviso permitiam que o dono da casa se precavesse. Se era certo ou provável que os ladrões viriam, naturalmente fechava melhor as entradas e munia-se de alguma arma contra eles. Vigiaria toda a noite, atento ao menor sinal de aproximação perigosa.

Quantas vezes terá feito isso José? Não sabemos, mas imaginaremos que os gatunos lhe votavam especial respeito por ser o santo Patriarca, escolhido por Deus para proteger o Messias e sua Mãe bendita? Que sabiam eles a tal respeito, exceto que possuía uma casa modesta, mas com alguns bens e instrumentos de carpintaria? E gado, com certeza. Tanto bastava para cobiçá-la. Um homem forte e enérgico como José meteria medo em um ou dois homens. Contudo, sempre haveria o risco de o apanharem desprevenido ou de usarem armas que o atemorizassem. E, enquanto Jesus era Menino, a situação seria ainda mais perigosa: uma mulher e uma criança não facilitam a defesa do chefe de família nesses casos.

José sabia que não era imune aos assaltos. Inteligente e habilidoso, a sua arte de carpinteiro permitia-lhe trancar a casa com bastante eficiência, e os próprios instrumentos do ofício lhe serviriam de arma de defesa. Mas com que preocupação deixaria a sua Esposa e o seu Filho pequeno sozinhos quando tinha de se ausentar por qualquer motivo imperioso: um vizinho doente ou em apuros, uma enxurrada que o obrigava a socorrer pessoas das redondezas, uma tarefa em cidade próxima, como Séforis!...

Rezaria para que nada de mau sucedesse nesse ínterim, e que Deus os protegesse... Mas o Céu o havia escolhido justamente para os proteger! A serenidade de Maria, a sua presença de espírito, a sua fortaleza de Mãe eram uma garantia para José. No entanto, quem lhe evitava a aflição de vê-los entregues a si mesmos?

Mais tarde, quando Jesus era já um moço robusto, ou já homem, estaria mais sossegado. Não deixaria, porém, de recomendar ao Filho que tomasse as precauções habituais nesses casos, e Jesus lhe obedeceria com sentido de responsabilidade.

Talvez nos custe imaginar Nosso Senhor a comportar-se como qualquer mortal que precisa defender a sua família e os seus bens. Mas Jesus Cristo foi uma pessoa normal, e normalmente se comportou no mundo em que viveu. Defender o que é nosso não é fraqueza; é fortaleza, e um dever, como administradores que somos do que nos foi concedido por Deus para cumprir as nossas obrigações. Tudo é de todos, pertencendo tudo ao nosso Pai; mas por isso mesmo cada um tem direito a partilhar dos bens do mundo na medida das suas necessidades. É o que acontece em qualquer família, na qual cada um "possui" e administra o que lhe é necessário para cumprir os seus deveres — de se vestir, de se lavar, de estudar, trabalhar, descansar etc. —, e assim se deve entender o direito de propriedade nesta extensa família que é a Humanidade.

O roubo é delito por transtornar a boa ordem da casa comum dos homens. Só deixa de de ser roubo, portanto, em caso de necessidade extrema, desde que o necessitado respeite igual necessidade extrema dos outros. Assim o compreendemos bem na vida de qualquer família: se porventura um irmão perde ou estraga, por exemplo, uma peça de vestuário de que precisa, logo os seus irmãos reconhecem que ele tem direito a utilizar alguma roupa deles. Justamente porque o direito de propriedade é funcional, instrumental, relativo às necessidades individuais ou comunitárias. Nunca é absoluto, arbitrário. Ao possuirmos algo, não devemos perder a consciência de que isso nos foi concedido para usar, não para abusar, não para danificar, não para estragar, em prejuízo dos nossos irmãos e em desobediência a Deus. Deus confiou o Universo ao homem para que o dominasse e o *guardasse*. Quem não *guarda* o que é seu não guarda o que é de todos. Perde o sentido de fraternidade, perdendo o sentido de filiação.

Nosso Senhor procedeu nesse aspecto como pessoa responsável, fraterna para com os homens e obediente ao Pai. Não consentiria que qualquer irresponsável ou cobiçoso viesse arrombar a sua casa, furtar-lhe os instrumentos de trabalho e retirar os meios de sustento dos seus pais. Vigiaria, sem dúvida, ao saber do perigo de assalto, e defender-se-ia decerto em caso de ataque.

Piedosamente imaginamos que nunca teria chegado a usar de violência, que seria, aliás, sempre em legítima defesa, evidentemente. Não convinha talvez que o nosso Salvador fosse sujeito a tal necessidade. Mas, em princípio, isso nada obstaria à sua perfeição. Bastaria talvez a sua figura possante, o seu porte atlético, para dissuadir os mais atrevidos, mas nem isso consegue evitar por vezes o desejo de medir forças, tão habitual entre os que fazem da violência o primeiro valor ou seu modo de vida. *Ninguém pode entrar na casa de um homem forte, para roubar os seus bens, se primeiro não o amarrar. Então saqueará a sua casa* (Mc 3, 27).

Coragem e capacidade de luta não lhe faltavam, e terá tido numerosas ocasiões de as exercitar desde jovem no trato com animais. Talvez não com feras, embora na Palestina não faltassem sequer os leões, nem decerto os lobos e cães selvagens. Não esqueçamos que era comum a posse de reses — bois, ovelhas, cabras — e que o pastoreio fazia parte das ocupações domésticas. Tanto o roubo de gado como os ataques de animais selvagens constituíam perigos frequentes, a que era preciso estar atento para rechaçá-los com prontidão e destreza. Por outro lado, os acidentes provocados por intempéries, incêndios, descuido dos pastores, pânicos incontroláveis, ou pela natural desorientação do gado — ovelhas desgarradas, quedas de jumentos ou bois em poços mal resguardados — obrigariam muitas vezes a intervenções arriscadas de um homem só, ou de vários, exigindo decisões rápidas e valentia. A elas não se furtaria Nosso Senhor, e na juventude até com o gosto de aventura próprio da idade. Para os rapazes, essas situações apresentam-se como uma oportunidade de jogo e de experiência, quando não de rivalidade desportiva.

Quando vemos Jesus no Templo "varrendo a feira" em que se convertera o pátio dos gentios (cf. Jo 2, 14-17), não podemos deixar de pensar no domínio adquirido anteriormente na lida com os animais. A "limpeza" com que Ele só, empunhando um açoite improvisado de cordas, consegue expulsar bois e ovelhas, derrubar as mesas dos cambistas e parar os golpes ao aproximar-se das gaiolas das pombas — *Tirai-me isso daqui!* — revela, com efeito, um perfeito domínio dessa arte quase marcial. Ninguém se atreveu a resistir-lhe. Só depois vieram os sacerdotes discutir a autoridade com que o fizera. Mas o burburinho comercial cessara, o pátio ficara deserto, e só alguns homens procuravam recuperar no lajedo as moedas dispersas.

A FAMÍLIA

Nas parábolas de Jesus, como dizíamos e temos visto, reflete-se todo o panorama da sua "vida oculta", isto é, o ambiente social em que esteve plenamente inserido como outro cidadão qualquer. Há parábolas familiares, agrícolas, políticas, militares, comerciais, empresariais, financeiras, judiciais, sociais... Todos os aspectos da vida comparecem nelas, realmente.

Quanto às familiares, já refletimos bastante, mas muito mais haveria que dizer. Como vimos, Jesus não aponta famílias "ideais"; não "idealiza" a família; não desenha quadros familiares idílicos. Fala de lares com problemas: da pobre mulher que varre a casa até encontrar uma moeda; do pai que vê sair pela porta afora o filho ambicioso e insensato; de outro pai que, ou não é obedecido, ou recebe resposta torta de um dos rapazes; do proprietário que tem de arriscar a vida do filho para cobrar as suas rendas; do pai que passa a noite de guarda, por receio dos ladrões; daquele a quem o vizinho perturba o descanso doméstico por causa de uns pães; de um poderoso que se vê desprezado nas bodas do filho...

São todas situações difíceis, dolorosas e até dramáticas, ou pelo menos aborrecedoras. O que não significa que não se deem também no lar muitas alegrias. Aliás, Nosso Senhor refere-se a elas: a festa do regresso do filho pródigo, a satisfação pela recuperação da moedinha, o arrependimento e a obediência do filho ranzinza, a alegria da mulher que dá à luz... Tudo fazia parte da sua experiência humana: quantos problemas, alegrias e angústias domésticas Ele presenciou ao seu redor, por conhecimento direto ou indireto! E em quantas terá intervindo pelos mais diversos motivos: de parentesco, de amizade, de proximidade!

Quando fala do casamento e da família "sabe", portanto, perfeitamente (não só por ciência divina, mas também por conhecimento existencial) do que está falando. Não fala para seres extraterrestres, não aponta utopias; conta com a vida familiar, como ela era nesse tempo e seria em todos os tempos. Aliás, se não houvesse problemas, para que serviria a família? A família existe porque precisamos dela, do seu amparo nas dificuldades, da experiência de um amor indefectível em quaisquer circunstâncias, da educação, do conselho e apoio em todas as idades...

Não nos esqueçamos de que na própria Sagrada Família houve problemas, e muito graves. E, logo no começo, há uma crise entre marido e mulher que por um triz não acaba em "divórcio", ou seja, em "repúdio" por parte de José. Respeitando o mistério da surpreendente gravidez de Maria, e sem pôr em dúvida a sua inocência, considerou que não seria honesto da sua parte assumir a paternidade do Menino que dela havia de nascer. Por isso resolveu *repudiá-la secretamente* (Mt 1, 19), isto é, sem a acusar de adultério. Drama terrível, que só uma intervenção sobrenatural solucionou! E não foi por falta de virtudes de marido ou mulher. Logo, não estranhemos que aconteçam crises mais ou menos dramáticas nos melhores casais.

Pode-se dizer que foi um caso excepcionalíssimo. Sem dúvida, quanto às suas causas, mas, no seu desenho, foi muito comum. Tenho um amigo — bom marido de uma boa esposa — que, quando dá palestras a noivos sobre o casamento, costuma dizer logo de entrada: "O casamento é um projeto impossível". Como é que duas pessoas podem se entender por toda a vida, sobretudo se são homem e mulher? E, no entanto, são capazes disso e de se amarem sempre, até cada vez mais. Mistérios. O que não é de admirar é que, com culpa ou sem culpa, surjam muitos momentos difíceis, de incompreensão mútua. O amor ajuda a entender-nos, mas nem sempre. O homem é um ser difícil de compreender; encontra dificuldade em compreender a si mesmo e ainda mais em compreender o outro, e sobretudo de outro sexo!

* * *

Reconheço que, nos tempos que correm, é perigoso falar da dificuldade de entendimento entre homem e mulher, como se a convivência entre pessoas do mesmo sexo fosse mais agradável; simplesmente, o que nos atrai no sexo oposto é precisamente essa "incompreensão", essa diferença insanável, que confere ao lar uma complementaridade e uma novidade ou surpresa constantes; essa é a beleza e o mistério do amor humano, tão superior à mera camaradagem, sobretudo sexual! E mais do que isso: a mulher descobre no homem o que nem ele próprio nem outro homem conseguem descobrir; e vice-versa. Sem ela, o varão não se conhece como varão; e, sem o homem, a mulher não se identifica como mulher.

Com efeito, sem a visão feminina, há muitos aspectos íntimos do homem que a este passariam despercebidos; e vice-versa. Quando ele ou ela diz que o outro não o (ou a) compreende, frequentemente o que se passa é que lhes custa ver-se por outros olhos e tais como realmente são. Aliás, quando nos sentimos perfeitamente "compreendidos" por alguém, não é verdade que logo suspeitamos aí haver engano? Pois se nem nós mesmos nos compreendemos!... Um homem é capaz de "compreender" mais ou menos outro homem; a mulher costuma ir mais a fundo: "conhece-o"! Ia dizer, "e vice-versa", mas desconfio de que o homem seja tão sagaz como ela nesse aspecto.

* * *

Quanto à relação com os filhos, já evocamos o drama provocado por Jesus adolescente. Nem a todos os pais acontece uma dor tão pungente: três dias sem ter notícias do filho! Com diálogo tudo se resolve? Houve diálogo — e a resposta do Rapaz foi dura... Nossa Senhora confessa que não O compreendeu. Nem ela nem José, diz-nos São Lucas (cf. Lc 2, 50).

Explica-se, por isso, a exclamação dos discípulos quando Nosso Senhor expôs com toda a clareza a indissolubilidade do matrimônio: *Então, é melhor não casar!* (Mt 19, 10) Não. Casar é bom, embora renunciar ao casamento por amor do Reino dos céus seja melhor. Casar é tão bom que o Senhor promete cem vezes mais a quem optar pelo celibato, *propter regnum coelorum* — por amor ao Reino dos céus (Mt 19, 29). Se fosse mau, "cem vezes mais" significaria cem vezes pior...

Não se esqueçam, porém, os que escolheram o celibato por amor ao Reino dos céus de que "casar com Deus", sendo um excelente e grandioso ato de amor, não os poupa aos cuidados familiares. O "amor esponsal", no qual o homem ou a mulher se dedica direta e plenamente ao serviço do Evangelho, traz consigo, juntamente com imensas alegrias, um acervo de trabalhos por vezes muito superiores aos do matrimônio. E quantas vezes também traz dolorosas incompreensões pelos ásperos caminhos por onde o Senhor os conduz! São Paulo refere-se eloquentemente às múltiplas tribulações que Deus pede com frequência aos evangelizadores. Mas, tanto num caso como no outro, o importante é descobrir o valor da cruz.

O segredo está no amor, como sabemos. A felicidade aqui na Terra não consiste no gozo, na festa, mas na caminhada para ela. O homem é feliz quando sabe que vai por bom caminho, seja ele suave ou escabroso; quando sabe que a sua vida vale a pena. E a fé diz-nos que, para quem ama a Deus, "tudo é bom", quer os êxitos quer os fracassos, quer o extraordinário quer o corriqueiro.

A FESTA

Nosso Senhor honrou o matrimônio de diversas maneiras: nascendo no matrimônio de Maria e José, fazendo o seu primeiro milagre nas bodas de Caná, dando doutrina sobre o matrimônio, e estando presente em muitos casamentos, quer como convidado, quer assistindo simplesmente às cerimônias e festas de bodas. E várias vezes se referiu a elas nas suas parábolas.

É fácil imaginá-lo quando pequeno a observar com curiosidade a decoração das casas e pátios para a solenidade; a matança dos animais destinados ao banquete; os aromáticos trabalhos de cozinha e forno; a alegre algazarra dos serviçais; o brilho das vestimentas e adereços da noiva, do noivo e das damas de honra; as lâmpadas de azeite; os músicos; e depois os cortejos, para cá e para lá, às vezes já à noite, a horas difíceis para um menino cheio de sono e desejoso de ver tudo...

Ou quando rapaz, em grupo animado com os amigos, esperando a oportunidade de degustar as iguarias que enchiam as mesas e, nesse meio-tempo, fazendo coro com os mais velhos nas canções de praxe e prestando algum serviço aos donos da casa...

Quantas vezes também terá Ele ganhado o seu dia trabalhando na festa — montando estrados, consertando telhados e mobílias, caiando muros, limpando terreiros, dando uma mão aos criados, levando recados, acompanhando a Mãe nos deveres de cozinha ou de ornamentação, e carregando Ele os produtos ou os instrumentos mais pesados!

Ou, já crescido, e tendo participado devotamente na liturgia matrimonial, podemos vê-lo no grupo dos homens, conversando alegremente com todos, entre comentários à festa e galhofas mais ou menos convenientes, notícias daqui e de acolá, e, às vezes, princípios de discussão — apagada por alguém mais velho, mais sensato, ou menos bêbado...

Quando acusam os seus discípulos de não fazerem os jejuns suplementares que os fariseus faziam (muitos destes por mera exibição de piedade), Ele serve-se do natural ambiente festivo dos casamentos para justificar a naturalidade com que comem e bebem: *Podem estar tristes os amigos do esposo enquanto o esposo está com eles? Mas virão dias em que lhes será tirado o esposo, e então haverão de jejuar* (Mt 9, 15). Não é natural, legítimo e louvável que os amigos festejem a presença do noivo prestes a deixá-los? A despedida de solteiro, como se costuma dizer? E não é natural e agradável a Deus festejar o matrimônio? E como festejar senão com mais oração e mais convívio à mesa? Não somos alma e corpo?

Da celebração tradicional do casamento (nas parábolas das dez virgens, ou das bodas do filho do Rei), Ele ressalta, porém, algumas contrariedades que podem tirar brilho da festa: as damas de honra que deixam apagar as suas lâmpadas; o servo embriagado, que estraga a alegria da chegada do noivo com a desordem provocada entre o pessoal doméstico; a recusa displicente e insultuosa dos primeiros convidados, assim como a falta de respeito de um convidado de última hora, que não cuida minimamente de sua apresentação.

Como dizia, as parábolas de Jesus refletem necessariamente o seu conhecimento humano, direto, do mundo em que vive. As imagens que utiliza são tão expressivas para quem as ouve porque retratam sempre o mundo real, com as suas contradições. Não lhe escapava nada dos aspectos positivos da vida social, e tampouco os negativos, mas nem por isso havemos de ser pessimistas. Pelo contrário, assim como Ele não se escandalizou com as nossas fraquezas, mas por causa delas veio ao mundo, também nós havemos de ser realistas, mas sem qualquer ceticismo. "Desanimar" da nossa santificação e do apostolado por causa das nossas faltas e dos defeitos alheios é tão absurdo como desanimar da medicina por haver muitos doentes.

Choremos com os que choram e façamos festa porque chegou o remédio!

Para tudo há um tempo oportuno; para cada coisa há um tempo debaixo do céu: tempo para nascer e tempo para morrer; tempo de plantar e tempo de recolher; tempo para matar e tempo para curar; tempo para demolir e tempo de construir; tempo de chorar e tempo de rir; tempo de gemer e tempo para dançar... (Ecl 3, 1-4)

OS PASTORES

Se de algum ofício falou com especial predileção, foi do de pastor. Também sem ingenuidade ou idealização: conhecia tanto os bons pastores como os maus, os "mercenários", aqueles que tratavam das ovelhas sem amor, só para ganhar uns cobres, à falta de outro ofício mais rendoso ou menos trabalhoso.

Todo ofício deve ser bem executado, com sentido de responsabilidade, com empenho pessoal. Trabalhar só por dinheiro degrada o trabalho e o trabalhador. Qualquer profissão é um serviço ao próximo. Realizá-la voluntariamente mal significa desprezar o próximo, ainda que este não repare nisso. O mau trabalhador pode julgar-se impune quando se entrega à preguiça, quando executa um trabalho às pressas e sem cuidado, quando frauda, mas — talvez sem reparar — vai perdendo a sua dignidade e o respeito a si mesmo; vai-se sentindo colega do ladrão ou do chulo que vive à custa alheia, com o agravante da sua hipocrisia. Não serve a justificativa de não se encontrar no seu ofício preferido, naquela profissão para a qual se considera vocacionado ou julga ter mais talento, nem sequer a má remuneração. A partir do momento em que se aceita uma tarefa, deve-se cumpri-la corretamente, até conseguir outra melhor. Aliás, a própria experiência nos diz que o sentido de responsabilidade num emprego vale mais do que o gosto que por ele se tem, e qualifica o trabalhador para ofícios de maior valor. O que não quer dizer que sempre se lhe faça essa justiça, é certo. É verdade que muitas vezes o patrão abusa da boa vontade do subordinado e procura retê-lo para não pagar devidamente quem o substitua. Mas o bom rendimento do empregado permite-lhe exigir o que um desleixado não merece.

E não falemos aqui da chamada "oculta compensação" (apossar-nos ocultamente do que nos é devido, mas abusivamente negado), que tem a sua legitimidade em alguns raros casos, mas, habitualmente, são um perigoso caminho de indenização: primeiro, porque o prejudicado é mau juiz em causa própria; e, depois, porque pode levá-lo facilmente a parecer um verdadeiro ladrão, quando apenas se ressarciu de um débito.

Vinha isto a propósito do mau pastor, que abandona as ovelhas quando estão em perigo, como se não fosse sua obrigação defendê-las dos lobos. O dever de heroicidade não diz respeito apenas a militares, policiais e bombeiros; todas as profissões e a própria vida em família podem topar com riscos muito graves e exigir fortaleza heroica para enfrentá-los. "A vida é um negócio muito perigoso", dizia Guimarães Rosa. É uma aventura "radical". E quem quer ser honesto tem de contar com isso. De um momento para outro surgem situações em que se tem de jogar tudo por tudo.

Há frases do Evangelho que nos assustam nesse sentido, particularmente aquela em que Nosso Senhor declara que quem não estiver disposto a "odiar", isto é, a deixar pai e mãe e filhos, e até a própria vida, por amor dEle, não é digno dEle. Mas vejamos: não é verdade que qualquer pessoa honrada prefere perder os parentes mais queridos a ser cúmplice dos crimes que porventura eles desejem cometer? Uma boa mãe hesita em separar-se de um filho logo que este persiste em envolvê-la no tráfico de drogas, numa rede terrorista, ou num roubo? E o que é isso senão preferir Deus aos filhos, irmãos ou pais?

Isto aplica-se igualmente à vida interna da Igreja. Assim, o bispo, pastor da Igreja, deve estar disposto a ser "antipático" e "impopular" quando toma conhecimento de que algum sacerdote ou professor do seminário desorienta as suas ovelhas pela má doutrina ou mau comportamento. Está na mesma situação de qualquer pai de família numerosa: o bem comum da Igreja sobrepõe-se a todo afeto pessoal, e, inclusive, à paciência recomendável em certos casos, se o risco de "contágio" é evidente.

Nosso Senhor, porém, desenvolve sobretudo a figura do bom pastor, que ama as "suas" ovelhas, ainda que pertençam a outro, ao patrão que lhas encomendou. E faz-nos ver a sua solicitude da manhã à noite, abrindo o rebanho e chamando-as pelos seus nomes; conduzindo-as por bons pastos; deixando noventa e nove, se for preciso, em busca de alguma desgarrada e trazendo-a aos ombros, cheio de alegria, depois de recuperá-la; e recolhendo-as no curral ao fim da tarde, bem alimentadas e tratadas... Quantas vezes terá pastoreado Jesus o pequeno rebanho da sua casa, ou ajudado outros nesse belo e árduo ofício?

A comparação das almas com as ovelhas era extraordinariamente expressiva no ambiente rural em que falava. Apesar de não estarmos hoje tão familiarizados com o pastoreio, se pensarmos um pouco, quase nos afligimos ao imaginar um rebanho sem pastor. Pois a maior parte dos animais sabe alimentar-se e defender-se sozinhos, até as cabras, além de comerem de tudo, são capazes de escapar aos predadores, correndo e pulando, mas as pobres ovelhas!... Por serem muito mais lentas, por si mesmas não descobrem pasto, nem se equilibram em despenhadeiros, nem reagem aos predadores, exceto balindo e tremendo. Sem pastor, vagueiam esfomeadas, enredam-se nos silvados, caem pelas ravinas, quebram as patas nos rochedos, adoecem facilmente, e por aí morrem, desamparadas e indefesas...

Assim via Jesus aquelas multidões que O seguiam, muitas vezes sem compreenderem cabalmente o que lhes ensinava, mas ansiosas de alguém que lhes falasse com autoridade e bondade e lhes apontasse o caminho da salvação. Ovelhas perdidas, só ao conhecerem o Salvador reconheciam que o estavam... Com razão dizia um escritor que só descobrimos os abismos que levamos dentro quando os enchemos. Com efeito, a ovelha perdida não sabe que o está. Só sabe que sofre. Assim são as nossas almas muitas vezes.

Conta uma romancista famosa que, na China, em tempos de fome, as mães davam aos filhos um punhado de areia, para que sentissem ao menos algum peso no estômago. Pois a alma tem mais fome do que o estômago; e, se não se lhe dá a verdade, aceita qualquer ideologia ou superstição, envereda por qualquer seita, apaixona-se por qualquer utopia, e, perdida que está, ainda mais desorientada fica.

Os promotores do moderno "relativismo" não sabem o mal que fazem. Porque esses nem sequer oferecem um punhado de areia às inteligências; retirando das mentes a própria noção de verdade e de certeza, destruindo todo e qualquer ponto de referência moral, do bem e do mal, oferecem o vazio absoluto, roubam aos homens todo o sentido da vida, deixam-nos ainda mais famintos e sequiosos.

Pobres de nós, se nos levam a esquecer as nossas mais profundas aspirações! Porque, se Deus nos criou à sua imagem, se pôs no coração do homem a fome de infinitude, é porque estava disposto a saciá-la, porque Ele próprio se nos daria, e nEle receberíamos tudo e muito mais do que podíamos sonhar: a vida eterna, a felicidade sem fim, o amor, o seu próprio Amor! Quem nos acusa de alienação é que se alienou da sua realidade mais profunda, talvez por medo de se enganar e sofrer desilusões... Mas Deus não se engana, nem engana ninguém. Se nos fez assim sonhadores, foi porque havia de realizar e superar os sonhos das suas criaturas. Se somos loucos, mais "louco" ainda é Ele por nós. "Não tenhais medo!", repetia o Santo Papa João Paulo II.[1] Não tenhamos medo da felicidade!

---

1 Cf. *Primeira saudação aos fiéis*, 22.10.78.

A POLÍTICA

Nosso Senhor não era indiferente à política. Na parábola das minas (cf. Lc 19, 12-27), o personagem que vai buscar em um país longínquo a autoridade real sobre o seu povo só podia dizer respeito a Arquelau, o segundo dos Herodes nossos conhecidos, que se dirigiu a Roma para obter o título de rei da Judeia — país submetido então ao império dos Césares — contra a vontade de muitos conterrâneos, que tentaram impedi-lo de reinar, enviando embaixadas ao governo romano com esse objetivo, e que o conseguiram... mas só meia dúzia de anos depois. Coitados deles enquanto aquele Herodes reinou!

Jesus não guardava boas recordações dos antecessores dessa família, desde o avô, o Grande, até Herodes Antipas, que dominava agora a sua pátria. Do primeiro, lembrava-se da perseguição brutal da qual foi alvo e que obrigara José e Maria a exilarem-se no Egito, no meio de inúmeras dificuldades e perigos. Do segundo, tão temido como o anterior, a impressão seria semelhante. E do presente não esperava senão a crueldade com que tratara João Batista e de que Ele próprio seria alvo no fim da sua missão terrena.

No entanto, com um desprendimento extraordinário do juízo que lhe merecia, toma Arquelau como protótipo da sua própria realeza divina e de executor implacável da justiça celestial.

É uma parábola de um vigor e de uma audácia espantosos, que faria estremecer os seus ouvintes. Jesus tinha bem presentes as tremendas regras políticas do tempo, e, aliás, de todos os tempos, quando entram em jogo os fundamentos do bem comum social: a unidade, a ordem, a paz. E bem sabia como a primeira necessidade social — a coesão — exige opções de larga envergadura, sem contemplações para com particularismos suscetíveis de a pôr em causa. Não concorda com a violência arbitrária; compreende, porém, a chamada "razão de Estado", que não justifica o crime, mas pode ser dura para alguns ou para muitos.

Notemos que as parábolas não são alegorias nem contos morais. Nas alegorias, cada um dos elementos possui um significado, enquanto nas parábolas o que interessa é apenas a sua lição global. Nos contos morais, as personagens centrais da "estória" acabam por proceder bem ou por serem castigadas pelo mal que fizeram; nas parábolas, isso não é necessário.

Quem era Antipas? Uma *raposa* velha, como Ele mesmo o classificou (cf. Lc 13,32), um "animal político", que não olhava os meios para atingir os seus fins, ou só os olhava para exercer o poder com a máxima eficácia e segurança pessoal. Quem era seu pai, Arquelau? Um tirano. Mas Nosso Senhor prescinde da justeza das suas decisões para focar apenas o seu poder supremo sobre a nação. Pois bem: mais poderoso do que Herodes e do que todos os monarcas é Deus, e será Ele, Jesus, a julgar os "vivos e os mortos", ou seja, os que O seguirem e os que O rejeitarem. E as suas sentenças — justíssimas — serão inexoráveis, vem a dizer.

Mas, implicitamente, nessa parábola, Ele está confirmando a legitimidade do poder executivo de qualquer governo, de qualquer autoridade, incluindo a da Igreja, cujas sanções, embora só aplicadas no domínio espiritual, podem ter consequências temporais. Uma vez, porém, estabelecida por Ele a distinção entre "Deus e César", enquanto as sanções da Igreja se reportam diretamente à salvação das almas, as do Estado regem-se pelo princípio do bem comum temporal. Essas diferentes perspectivas determinam diversos domínios e critérios de atuação, mas de nenhum modo opostos: porque o "bem comum" social consiste essencialmente em obter para os cidadãos as melhores condições possíveis para uma vida digna do homem, o que inclui a liberdade de procurar o seu bem máximo, isto é, o conhecimento de Deus, o seu culto privado e público e o cumprimento da sua Vontade, penhor da felicidade eterna.

A autoridade divina é a fonte comum de todas as autoridades humanas. Perante ela devem prestar contas, e por causa dela devem se respeitar. A autonomia do Estado e de qualquer comunidade civil com relação à Igreja não significa independência do Estado em relação às leis de Deus, o que representaria, afinal, uma "independência" da própria natureza humana! Nesse caso, o Estado seria indiferente aos deveres e direitos fundamentais do homem, que foram estabelecidos por Deus. A expressão *a César o que é de César, e a Deus o que é de Deus* (Mt 22, 21) só pode ser entendida no sentido de que a vida religiosa, pessoal e coletiva, constitui um âmbito próprio, dotado de normas específicas, diferentes (embora não opostas) das leis civis: a sociedade organizada não tem direito a assumir-se como sociedade doutrinal nem de culto; e a Igreja (qualquer confissão religiosa) não tem direito a comandar o governo político das nações. Elas têm missões diversas.

Jesus Cristo reconheceu a legitimidade da autoridade judaica e romana no seu país, apesar de todas as injustiças praticadas; mas não cedeu à vontade dos governantes que se opunham à vontade do Pai. Preferiu morrer. A legitimidade do poder não o torna arbitrário, nem legitima a injustiça, nem anula o dever de cada um seguir a sua consciência.

Aceitou o *status quo* da Judeia, que se submetera ao Império romano para se proteger de nações rivais. Se os israelitas passados e presentes assim tinham resolvido a precária situação política do seu povo, Cristo acatava essa escolha, embora ela não agradasse a grande parte dos seus concidadãos. E assim os fez saber quando lhe perguntaram se era digno que o Povo escolhido pagasse impostos a um império pagão: ao responder *dai a César o que é de César, e a Deus o que é de Deus*, respondia-lhes que, se queriam usar da proteção e dos bens imperiais, pagassem o tributo respectivo. Ele e a sua Igreja não interfeririam nessa situação. Como a opção fora deles, que assumissem as devidas consequências.

A GUERRA

Jesus veio ao mundo num raríssimo e excepcional tempo de paz em todo o império romano: a chamada *Pax Augusta*, em honra da qual se ergueu inclusive um monumento na Cidade eterna. Foram cinco quinquênios em que os militares de César e os exércitos bárbaros, sem deporem as armas, as mantiveram limpas de sangue. A Providência fizera uma clareira de serenidade no mundo para acolher o "Príncipe da Paz". Outro tipo de guerra, muito mais importante, decisiva e transcendente, vinha Ele travar e vencer: a tremenda batalha do homem com o "príncipe deste mundo", o "maligno". Na verdade, *o Reino dos céus conquista-se à viva força, e são os violentos os que o arrebatam* (Mt 11, 12). Ele bem nos avisou: *Julgais que vim trazer paz à terra? Não, mas a espada* (Mt 10, 34).

Por isso não teve pudor em recorrer precisamente a imagens bélicas para ilustrar a luta interior do cristão: *Qual é o rei que, estando para guerrear com outro rei, não se senta primeiro para considerar se com dez mil homens poderá enfrentar o que vem contra ele com vinte mil?* (Lc 14, 31) Essa prudência elementar era a que deviam usar os seus discípulos, não para se renderem ao "inimigo", mas para se munirem de armas e organizarem táticas capazes de o humilharem por completo.

Ainda durante a sua vida, viu legiões marchando para as fronteiras do Império, e assistiu ou sentiu de perto o derramamento de sangue de seus compatriotas sob as adagas cesarianas. Aliás, a crueldade dos morticínios "políticos" fazia parte do seu imaginário desde que foi ouvindo o que Herodes perpetrara em Belém e a que Ele escapara por milagre e pela presteza de José. Sabia assim, por experiência pessoal, ao que pode levar a força armada nas mãos de um irresponsável, e preveniu os que cedem à tentação da violência arbitrária: *Quem usa a espada pela espada morrerá* (Mt 26, 62).

Não condenou, porém, toda guerra, nem tratou como criminoso o centurião que lhe pediu a cura do seu servo. A instituição militar e a policial existem e continuarão a ser legítimas e necessárias até o fim do mundo: "Enquanto existir perigo de guerra (*agressiva*) e não houver uma autoridade internacional competente e dotada dos convenientes meios, não se pode negar aos governos, depois de esgotados todos os recursos de negociações pacíficas, o direito à legítima defesa", afirma o Concílio

Vaticano II.[1] Essa mesma autoridade internacional não será eficaz sem "os convenientes meios", isto é, sem força bastante para fazer respeitar as leis e defender os cidadãos e as nações agredidas.

Nela se santificaram muitos, como o nosso Santo Condestável.[2] Se, por um lado, como dizia Vieira, a guerra é o

---

1 *Gaudium et spes*, n. 79.

2 O *Santo Condestável*: assim ficou conhecido *Nuno Álvares Pereira* (1360-1431), nobre e general português. Sob sua liderança, os exércitos de Portugal venceram os de Castela em uma série de batalhas, sendo a mais famosa a de Aljubarrota (14.08.1385), que desbaratou definitivamente as pretensões castelhanas ao trono português. Após a morte da esposa, repartiu os bens entre os netos e entrou para a Ordem do Carmo, adotando o nome de Irmão Nuno de Santa Maria. Morreu aos 71 anos no Convento de Lisboa, que ele próprio havia mandado edificar em cumprimento de uma promessa. Foi canonizado pelo Papa Bento XVI em 26.04.2009. (N. do E.)

flagelo que leva mais almas ao inferno (e "provava-o", através de um cálculo de probabilidades: é na guerra que se juntam mais pecados e mortes repentinas...), também é um campo de virtudes heroicas, de dar a vida por amor a Deus ou à Pátria, e de arriscá-la muitas vezes pelos seus camaradas.

O exército não se destina a matar o inimigo, mas a matar e a ferir o menos possível. A polícia não tem por missão castigar os desordeiros, mas manter a ordem com o menor custo e sofrimento possíveis. Quando, em vez de um exército ou uma polícia bem organizados, os civis assumem a sua própria defesa, instala-se a anarquia, e a mortandade é muito superior e muito mais cruel. A profissão militar é nobilíssima e sem polícia não se consegue manter um mínimo de tranquilidade social.

Tal como hoje, as guerras eram o pano de fundo da existência comum, e a defesa pessoal uma comum necessidade. Nosso Senhor não estranhou que Pedro usasse espada, nem que Simão, o "zelote", levasse punhal à cinta, segundo o costume do grupo de resistência a que pertencia. Ali não se tratava de política, e tão respeitados se viam os resistentes a Roma como os "colaboracionistas", se assim se podiam chamar os publicanos, um dos quais também fazia parte dos Apóstolos: Mateus. Todas as diferenças eram ultrapassadas pela descoberta e o anúncio do Evangelho.

O VÍCIO

Um dos problemas da nossa época é a droga. Mas o que é a parábola do filho pródigo senão a "estória" de um toxicodependente que consegue levantar-se do esterco e deseja recuperação? Veja-se a miséria a que chegou, vejam-se os seus andrajos, a sua magreza, a ausência de autoestima que não lhe permite aparecer como filho na sua própria casa, depois de ter desperdiçado uma fortuna em luxúria e frequentado os mais baixos antros do vício... E sinta-se a alegria transbordante dos pais ao vê-lo de regresso, disposto a reiniciar uma vida normal de trabalho!

Drogas, sempre houve e haverá, e Nosso Senhor presenciou muitas vezes o espetáculo degradante do rapaz promissor que envereda pelos piores caminhos e se transforma num vadio, num bêbado, num ladrão... Por sexo, por vinho, por mania de luxo e de grandezas, por soberba e rebeldia, por ânsia de sucesso entre os amigos...

Aliás, de tudo podemos fazer droga — até do trabalho —, pois com qualquer coisa podemos alienar-nos da realidade, criando um mundo virtual, do qual nós somos o centro. E por qualquer droga colocamos tudo a perder: a família, os amigos, a saúde e, sobretudo, Deus, nosso fim último.

Droga é, na verdade, tudo o que nos aliena da realidade. Atualmente, costuma-se chamar de droga até o tabaco. Não é correto. O tabaco, o açúcar, as gorduras, o sal, a vida sedentária farão mal à saúde e criarão dependência, e por isso será recomendável moderá-los ou até evitá-los, mas não tiram o uso da razão. Serão mesmo irracionais (o que é que tem de "racional" gostar mais disto ou daquilo?), mas não nos enlouquecem nem nos roubam interesse pela vida normal. Nenhum comilão sonha com montes de sebo; nem o fumante, com piras de charutos a arder; nem os gulosos, com piscinas de calda de açúcar. Tudo isso os saciaria rapidamente, enquanto a droga se multiplica em sugestões de gozo e um nunca acabar de experiências, as mais extravagantes e doentias.

Não confundamos. Droga não é uma simples dependência (não somos dependentes do ar, do alimento, da família?), mas tudo o que nos afasta da realidade. E nesse campo o álcool é decerto muito perigoso. O sexo ainda mais. Não falta nobreza ao vinho e muito menos ao sexo, mas este é um álcool que levamos constantemente no corpo. É impossível afastar-nos dele, e a tendência para a sensualidade é muito forte. E convém que o seja, tal como o "instinto" de autodefesa e o apetite. Convém, realmente, que desde pequeno o homem reaja rapidamente aos mil perigos de vida a que está sujeito, para se defender, e que sinta um forte desejo de comer e de beber, necessários à sua subsistência. E assim também é providencial o ardente impulso sexual para a conservação e aumento da espécie humana.

Falo de impulso e não de instinto, porque os impulsos humanos, por mais fortes que sejam, se diferenciam dos impulsos dos animais, pelo mesmo motivo que o homem se diferencia deles: pela razão e pela vontade. As tendências espontâneas que sentimos não são fatais, nem determinantes, como nos bichos. O homem é capaz — e tem a obrigação — de se sobrepor a essas tendências, dominando-as; e também, infelizmente, é capaz de as perverter, entregando-se a elas. As "leis naturais" só são verdadeiras leis para o homem; para os animais, para as plantas ou no reino físico, são fatalidades. Só têm caráter de lei para o homem, porque só para ele correspondem a mandatos que podem e devem ser cumpridos consciente e voluntariamente, e, caso contrário, só o homem é passível de sanção.

Pois bem: não faltavam drogas nem drogados no tempo de Jesus, nem os dramas correspondentes. Bêbados, glutões, obcecados por sexo — em todas as suas variantes, desde a prostituição à bestialidade —, tudo isso era do conhecimento comum numa terra pequena como Nazaré. Aliás, tudo estava previsto na Lei de Moisés. Além disso, naquela época, as convenções sociais não eram muito sensíveis ao pudor nem aos eufemismos em tais matérias. Falava-se de tudo abertamente... como agora.

Jesus fala com toda a candura das prostitutas; não se encoleriza com o adultério; não se assusta com a samaritana que já vai na quinta "experiência" marital; não condena a "pecadora" que chora a seus pés; não fala do rapaz devasso como de um caso perdido... São todas pessoas desgraçadas, mas fazem parte do vulgar panorama social, como os mendigos e os ricos, os loucos e os espertos, os doentes e os sãos, os maníacos e os equilibrados, os ladrões e os homens honrados etc. E os ricos podem arruinar-se; e os pobres, enriquecer; os doentes, curar-se; e os inteligentes, ficar imbecis; os honestos, cair em fraudes; e os ladrões, tornar-se gente de bem.

Nas parábolas retrata, sem dúvida, o seu mundo com um realismo límpido e tão universal e perene que elas continuam a servir-nos de lição pelos séculos afora.

Dói-nos imaginar que alguma desavergonhada — ou desavergonhado — se atrevesse a pôr os olhos nEle com sensualidade, ou, pior ainda, que O tivesse provocado. A verdade é que somos capazes de tudo, e Ele não usava nenhum distintivo que avisasse as pessoas de sua identidade divina. Inteligente e bem-educado como era, saberia evitar situações equívocas, e resolver as impertinências que viessem, com energia e compaixão. Algumas vezes a melhor atitude é não dar por elas! O certo é que nunca O acusaram de impureza, sinal evidente (tanto procuravam comprometê-lo sob qualquer pretexto!) de que o seu comportamento foi irrepreensível, notoriamente irrepreensível.

Por sinal, convém avisar os jovens sobre a necessidade — e o dever — não só de se comportarem bem, mas de cuidarem das "aparências" neste aspecto, porque é frequente que, na tal época da rebeldia, os rapazes e as moças desprezem o que dirão os outros (e por "outros" pensam nos "velhotes", que passam o tempo a "pregar-lhes sermões"). "Eles não fazem mal nenhum, mesmo que durmam no mesmo quarto, e ninguém tem direito de acusá-los!..." Não imaginam como isso lhes pode transtornar a vida, pois, ainda que ninguém os acuse, também já ninguém pode "pôr as mãos no fogo" quanto à sua integridade. E quando essa má suspeita se instilar no espírito da moça ou do rapaz com quem quiserem casar, não conseguirão provar-lhes a sua inocência, e perceberão como os "velhotes" tinham razão ao avisá-los!

Trata-se inclusive de um dever de justiça para conosco mesmos: além de não devermos meter-nos na boca do lobo, ou seja, na tentação, temos obrigação de defender o nosso bom nome, pois a vida social baseia-se na confiança, e o bom nome é decisivo para merecê-la. Se, mesmo assim, nos caluniam, bendito seja Deus! É para nossa purificação. Mas que não seja por imprudência nossa.

AMOR E AMIZADE

Ter sentimentos é próprio do homem; são afeições, ou repugnâncias, em que necessariamente se mesclam a alma e o corpo, visto sermos uma composição de ambos. Uma composição, note-se, e não uma dualidade. O homem não é um corpo contendo uma alma, nem uma alma instalada num corpo, mas sim um "corpo animado". Não há em nós "sobreposição" de duas substâncias, mas sim uma unidade substancial, composta de dois elementos, espiritual e material (embora um deles degradável, e o outro não). Nunca dizemos "vou vestir o meu corpo", mas "vou vestir-*me*"; nem "vou dar de comer ao meu corpo", mas simplesmente "vou comer". Eu *sou* a minha alma e o meu corpo simultaneamente. Por isso, tudo o que acontece na inteligência e na vontade (faculdades espirituais) tem o seu reflexo corporal, ainda que nos passe despercebido, como, por exemplo, as conotações cerebrais; mas, com frequência, *sente-se*. Sente-se medo, sente-se nojo, sente-se amor, sente-se pena...

Tal não acontece com os Anjos, nem com Deus. Sendo espíritos puros, não há em Deus nem nos Anjos mescla corporal. Nem isso representa nenhuma imperfeição. Não é porque um Anjo não "sente" amor que o seu amor não possa ser (e é, com certeza) muito maior (naturalmente) do que o nosso. Porque o amor não é um sentimento, embora nós o confundamos com isso; o sentimento é "o nosso modo" de amar; não o próprio amor. O amor, essencialmente, é desejo ou vontade de união, o que, para um Anjo, é de tal arrebatamento para com Deus que, em comparação conosco, ele é um sol e nós um fósforo mortiço. Do Amor do próprio Deus, nem se diga: é Ele próprio, infinito, na inefável e simplicíssima Unidade das Três Pessoas. Não há comparação que valha, senão por analogia. Mas Jesus, sim, tem sentimentos — e que fortes sentimentos! Tem coração, e que Coração o de Jesus! Por ser verdadeiro Homem, Verbo de Deus encarnado, que nos ama com coração humano.

Vem isto a propósito do amor. O amor humano é espiritual e corporal ao mesmo tempo. Se eu amo alguém, amo-o corpo e alma, e amo-o espiritual e corporalmente. Quero-lhe bem "inteiro", e gosto, sinto necessidade, de demonstrar esse amor fisicamente: aquele abraço!, aquele beijo!, aquele sorriso!

Os maníacos por sexo serão capazes de dizer que todos os nossos afetos têm um componente "sensual", querendo significar "sexual", e ainda mais concretamente "genital". É ridículo. Lembro-me de um intelectual, bom pai de família, que especulava sobre o caso na presença da sua intelectual filha. Como é pecha dos intelectuais, jogava facilmente com abstrações e generalidades, mas facilmente se abstraía da própria realidade. "Sim, acho que sim... Acho que, na verdade, existe uma profunda interligação do amor com a sexualidade..." A filha, de resposta pronta, salta imediatamente da cadeira: "Nesse caso, é melhor eu sair daqui!" E assim, a profunda especulação terminou com uma boa gargalhada de ambos.

A visão freudiana de todos os afetos e anseios humanos, que prestou os seus serviços à medicina (sobretudo ao reconhecer que o homem é mais do que um mero organismo físico-químico), graças a Deus, foi logo ultrapassada pelos próprios discípulos de Freud. A velha "psicologia racional" escolástica ainda me explica muito melhor as reações humanas do que a "experimental". Que "sensualidade" existe no estreito abraço da mãe, no forte abraço do amigo, no beijo ao querido avozinho, na carícia ao pobre doente? É amor, é amizade, é veneração, é compaixão, manifestação normal e sadia dos mais puros afetos.

Nosso Senhor *sentia* amizade pelas pessoas e pela pátria, até rejubilar pelas suas alegrias e chorar pelas suas penas. E à amizade se refere numa das parábolas: a do amigo impertinente, que chama o vizinho tarde da noite, o obriga a levantar-se da cama e a emprestar-lhe alguns pães.

Tem graça a prova de amizade que dá, na parábola, o incomodado *pater familias* ao seu amigo importuno: queixa-se daquele despropósito, faz-lhe compreender que ele está a perturbar a casa toda, mas sai da cama, vai à procura dos pães, destranca a porta, e os entrega ao amigo com cara de poucos amigos, e volta a deitar-se, resmungando por causa da desfaçatez daquele imprudente, sempre a pedir-lhe favores, sempre desorganizado, com amigos como aquele, que chegam à casa dele àquelas horas absurdas... e, ainda por cima, mais isto e mais aquilo..., até deixar cair a cabeça na almofada e começar a insultar o vizinho já em sonhos, de mistura com o bom cheiro do pão e uma fome dos diabos.

Tem graça porque a amizade é mesmo assim: uma interdependência "forçosa", uma "inseparabilidade" em quaisquer circunstâncias, uma união no agradável e no desagradável. Um amigo já não é apenas seu; também pertence ao seu amigo, para o que der e vier. Às vezes com alegres brincadeiras, outras vezes numa discussão acirrada, até o insulto — que nunca ofende, por vir de quem vem. A amizade é, com efeito, um mistério tão belo como o amor.

Jesus teve bons amigos desde a infância, e era bom amigo deles. E mais: cultivava amizades, e sabia fazê-lo com uma facilidade extraordinária. Basta pensarmos na cena de Zaqueu (cf. Lc 19, 1-10): é um poema de amizade à primeira vista, que também acontece, como no amor.

A MALDADE

Mas também Ele conheceu muito bem a inimizade, que chega à malvadez. A história do joio e do trigo (cf. Mt 13, 24-30) ainda hoje nos revolta: lançar de propósito sementes de erva ruim no campo de alguém para lhe estragar a colheita de trigo, aproveitando o descuido dos empregados! Que requinte de maldade, deliberada e habilidosamente cometida!

Nosso Senhor conheceu os ódios mesquinhos, o espírito de vingança, as brigas intermináveis, as invejas raivosas... Não viveu num mundo inocente; não era ingênuo. Contava com tudo, e ensinou-nos a contar com todas as fraquezas humanas, sem perdermos a serenidade.

Conheceu os ciúmes entre colegas de trabalho, como descreve na parábola dos trabalhadores na vinha, os quais se irritam porque os últimos recebem tanto como eles, embora em nada tenham sido prejudicados. Conheceu as reações rudes dos que passaram maus bocados e, por isso, infligem sofrimentos a outros por causas muito menores, como na parábola do devedor impiedoso. Conheceu a dureza dos "bons" quando veem ser bem tratados os "maus", como na contraparábola do filho pródigo. Conheceu a violência contra quem vem pedir o que lhe devem, como na parábola dos vinhateiros homicidas, e por vezes o desprezo e a agressividade gratuita contra quem simplesmente cumpre um amável encargo, como procederam para com os servos do rei os primeiros convidados na parábola da grande ceia e das bodas do príncipe, só por verem contrariados os seus planos imediatos: tinham mais que fazer!... Conheceu a violência política, como na parábola do rei que regressa triunfante e manda degolar os seus inimigos na sua presença...

E conheceu a violência legal, o tremendo direito penal daquele tempo, com os seus castigos "exemplares", assustadores e espetaculares, ainda antes de ser submetido a eles. *Se alguém quer seguir-me, negue-se a si mesmo, tome a sua cruz, e siga-me* (Mc 8, 34). "Tomar a cruz! Que expressão tão forte!", pensariam os discípulos, sem, no entanto, imaginarem que haviam de assistir à autêntica crucificação do Mestre. Nem nisso queriam pensar. Para eles, aquela expressão do Mestre era apenas uma espécie de parábola, ou lugar-comum, tomado das terríveis cenas de tortura que todos alguma vez teriam presenciado, horrorizados e morbidamente curiosos... Espetáculo medonho a que Jesus também terá assistido quando jovem, e do qual sua Mãe procuraria afastá-lO, banhada em lágrimas de piedade... e de medo.

Era um mundo tão violento como o nosso, tão agressivo e tão malvado como o de hoje, embora também igualmente constelado de bondade, solidariedade, compaixão. Vê-lo-emos mais adiante, retratado na parábola do bom samaritano.

Entretanto, imaginemos em que medida todo este leque de agressividades terá afetado diretamente Jesus nos seus anos de Nazaré. Pensamos que, por Ele ser bom, nada de hostil lhe tocaria? Se Ele veio para sofrer por nós! Maledicência e intrigas mesquinhas não lhe faltariam... Basta pertencer a uma família para sofrer antipatias de outras famílias, por velhas inimizades acumuladas desde sabe-se lá quando. Basta exercer um ofício para desagradar aos concorrentes. Basta ter de cobrar para enervar os devedores. Basta ser sereno para provocar a ira dos coléricos. Basta ser piedoso e cumpridor para ser acusado de presunção. Basta possuir alguma coisa para suscitar invejas. Basta dizer uma palavra para ser mal interpretado por alguém. Basta ser feliz para irritar quem não o é. Basta ser amável com uma pessoa para ser criticado por quem não gosta dela. Basta não pensar em casamento para ser malvisto pelas mães de moças que desejam se casar. Basta uma simples correção ou um conselho para criar suscetibilidades etc.

E isto sem contar com as reações violentas dos desequilibrados, dos ébrios, dos avaros, dos desonestos, dos ambiciosos, dos preconceituosos, dos rudes, dos trapaceiros, dos prepotentes, dos que guardavam segredos vergonhosos na consciência, e assim por diante.

Como imaginamos Nazaré? Uma povoação idílica, onde não entrara o pecado original? Ou então um povo que ajoelhava ao passar pela casa de José? Haveria gente muito boa, muito santa e muito amiga da Sagrada Família. Mas imaginamos que seriam todos, ou mesmo a maioria? E como imaginamos as autoridades nazarenas? De uma sensatez e justiça a toda a prova? Sem um abuso, sem sombra de corrupção, sem o mínimo resquício de rivalidade política, sem qualquer "partidarismo", sem nepotismo, imparcialíssimas, competentíssimas? E a polícia, isto é, os militares e outras forças de ordem: lendo e meditando todos os dias o código dos direitos humanos? E os chefes da sinagoga mais o pessoal de que se rodeavam? Todos tratariam Jesus com imensa devoção?

Enfim, Nosso Senhor não era ingênuo; não o sejamos nós. *O Verbo fez-se carne e habitou entre nós* (Jo 1, 14), o que quer dizer que partilhou realmente da nossa vida, tal como era, e continua a ser. Alegrou-se e padeceu como qualquer outro homem.

A BONDADE

Vamos à parábola do bom samaritano (Lc 10, 30-37). Essa parábola preciosa, quer pela belíssima lição de caridade, quer pelo seu profundo significado escatológico, eclesiológico, pastoral e ascético, reproduz com simplicidade muitas das condições da vida desse tempo e, afinal, de todos os tempos: aí está a insegurança nas estradas, o perigo de assaltos, o "bater e correr" dos que abandonam as suas vítimas na valeta, a indiferença dos transeuntes que receiam complicações, mas também o homem bom, que se compadece do ferido e o trata como um irmão, sem olhar os seus interesses imediatos, e fazendo tudo o que pode para salvá-lo e garantir-lhe assistência.

É um "estrangeiro", um forasteiro malquisto na região, naquele país que, inclusive, o considera desprezível e até "inimigo". Ele não quer saber disso. Só sabe que ali há um homem necessitado de cuidados urgentes. Não espera que venha alguém "mais responsável"; assume ele próprio todo o cuidado do moribundo, ministra-lhe os primeiros socorros com o vinho desinfectante, o leniente azeite e as vendas que tem à mão, o carrega até a sua montada e o conduz com prudência até a estalagem mais próxima. Lá o deixa, verifica que tratarão dele conscienciosamente, paga o que é devido, deixa mais dinheiro para os gastos previsíveis, e compromete-se a pagar o que for além disso.

Aí está um caso de amizade "à primeira vista", não por simpatia espontânea, mas por fraternidade humana e compaixão.

É interessante reparar nisto: para sermos amigos de alguém não precisamos de particulares afinidades, nem de sermos correspondidos no afeto. Eu posso ser amigo de quem quiser, até do meu maior inimigo, ou da pessoa mais avessa ao meu feitio. Basta que o queira. Que o digam os pais quando os filhos são ingratos, rudes, malvados: deixam de lhes querer bem? Diga-o Deus, Nosso Senhor, disposto a perdoar mil vezes as nossas ofensas... Não recebe, nem de longe, correspondência adequada da nossa parte, e, no entanto, continua nosso Amigo incondicional. Portanto, *sede perfeitos como o vosso Pai celestial, que faz chover sobre justos e injustos...* (Mt 5, 45) Sede amigos de todos, sem esperar retribuição: *Se amardes só aqueles que vos amam, que recompensa mereceis? Não fazem isso também os publicanos?* (Mt 5, 46) Mas, sobretudo, sede logo amigos de quem precisar de vós. Não hesiteis, nem queirais saber se é "bom" ou "mau", do vosso grupo ou da tribo adversária.

A figura do bom samaritano desenhada por Cristo é admirável, entusiasmante e baseia-se, com certeza, em tantos gestos nobres que presenciou em pessoas das mais diversas condições. Graças a Deus, quanta generosidade há neste mundo! Que corações maravilhosos, capazes dos maiores sacrifícios vividos com a maior naturalidade possível! Penso, por exemplo, nos pais da Irmã Lúcia. A simplicidade com que arriscam a saúde — inclusive dos seus queridos filhos — para atenderem os empestados da aldeia, é um poema heroico de amor. Recomendo a leitura das suas *Memórias*, números 5 e 6. Estou a pensar também naquela mulher, já "velhota", que todos os anos fazia a sua peregrinação a pé da sua longínqua aldeia até Fátima.

— Ó senhora Amélia (não sei qual era o seu nome), por que é que vai todos os anos a Fátima? — perguntou-lhe alguém numa tenda de atendimento dos peregrinos.

— Olhe, porque tenho um marido bêbado! Vou pedir a Nossa Senhora que me dê paciência para o aguentar mais um ano!

Além dos santos canonizados, cada um de nós pode lembrar-se de tantas e tantas pessoas admiráveis, esquecidas de si mesmas, que, perante qualquer necessidade alheia, se sentem elas na necessidade de servir, uma hora, um dia, um ano, uma vida — o que for preciso. Como Nosso Senhor as ama! Que grande prêmio lhes dará! Benditas sejam — e serão — no céu, já que na terra quase ninguém dá por elas — nem elas próprias!

O bom samaritano era um desses. E por isso era a figura do próprio Cristo, cujo Coração está cheio de infinita Bondade.

São essas pessoas que dão encanto à nossa vida. A experiência de sermos amados até o extremo possível do amor, a começar pela nossa mãe e o nosso pai, sem merecimento da nossa parte, é uma luz esplendorosa e um cântico à vida. Vale a pena viver! Vale a pena existir, só para ser objeto desse mistério, só para o descobrir — o que, no fundo, é a descoberta (por vezes encoberta...) do grande amor da nossa alma, Deus.

Sim, pela sua própria experiência humana, Jesus não reduzia a humanidade a um manicômio nem a uma selva; observava com alegria a bondade dos corações, o sincero gosto de fazer o bem que lateja nas almas, e as heroicidades sem conta nem espetáculo que se praticam a toda hora no mundo.

SERVIR E MANDAR

Não nos passe por alto a figura secundária do estalajadeiro. Aí está outro homem honrado. Cobra o que é justo, pois disso vive, mas não protesta por fazerem da sua hospedaria um hospital. O caso é urgente e lastimoso, e ele põe ao serviço do necessitado o que mais lhe compete: o seu trabalho profissional. E, além disso, confia no tal estrangeiro "inimigo". Sabe reconhecer outro homem honrado à sua frente. Entendem-se bem.

Talvez não nos demos conta claramente da importância da confiança mútua na vida social. Hoje recorre-se muito mais do que então às garantias escritas, e quase se parte do princípio de que o outro tentará sempre enganar-nos.

Vivemos na desconfiança recíproca, e nos habituamos a isso. Apesar de tudo, devemos reparar que seria impossível convivermos se, por sistema, desconfiássemos uns dos outros. Haverá sempre um grande espaço para a confiança na palavra dada, ainda que não seja pela honra, nem sob juramento. Mas já naquele tempo em que a palavra era decisiva para qualquer negócio, Nosso Senhor verificava que existia desconfiança a mais: juramentos por tudo e por nada! Não; não jureis; seja a vossa conversa *sim, sim; não, não* (Mt 5, 37) e basta! Por princípio, confiai nos outros, se não tendes nenhuma razão objetiva para desconfiar; e parti do princípio de que os outros também confiam em vós. Porque, se não confiamos uns nos outros, além de isso constituir uma ofensa, um juízo temerário, a vida torna-se um inferno de inquietações, e as próprias palavras de honra ou os juramentos não servem de nada. Deixemo-los para momentos solenes da vida.

Jesus conheceu muita gente honrada. A figura do estalajadeiro representa-os. Como tantas outras figuras das suas parábolas, a começar pela do bom pastor, e, em geral, a dos "servos".

Estes aparecem em muitas das parábolas, como já vimos. Faziam parte — e grande parte — da paisagem social daquele tempo. Nosso Senhor não fala expressamente dos "escravos", que também havia, mas dos "servos": servos da casa (os nossos velhos "criados"), servos agrícolas (ou "vinhateiros"), os "rendeiros", também chamados servos em sentido lato, e os "servos" de qualquer autoridade, membros da sua guarda ou seus "executivos".

Há servos bons e servos maus, bons pastores e mercenários, mas, de modo geral, a figura dos servos esboçada nas parábolas é a de homens fiéis, humildes, simples, obedientes, às vezes um pouco desleixados, mas interessados nas coisas do patrão e tratando-o com familiaridade. *Então não semeaste boa semente no teu campo?*, perguntam ao seu senhor os servos dorminhocos, que não deram pela passagem do malvado semeador de joio. *Queres que vamos e o arranquemos?* (Mt 13, 28). Ou então aquele diálogo tão simpático do outro, com pena da figueira estéril: *Senhor, deixa-a ainda este ano, enquanto eu cavo em volta e lhe deito estrume! Se com isto der fruto, bem está; senão, cortá-la-ás depois...* (Lc 13, 8-9)

Os nomes hoje diferem, mas a realidade sociológica é idêntica. Tem de haver sempre quem mande e quem obedeça, e, afinal, todos têm de obedecer, e todos acabam por mandar nos outros de algum modo. Temos de servir-nos uns aos outros, e o serviço pode ser mandar. O que significa "ministro" senão servidor?

Nosso Senhor era o que hoje se chama um "trabalhador independente". Não era servo nem tinha servos — habitualmente. É muito plausível, porém, que fosse servir alguém por temporadas (colheitas, ceifas etc.) e também é provável que contratasse alguém para uma empreitada, para cuidar dos seus campos ou das suas reses etc. Bem sabemos que as profissões não eram nessa época tão especializadas como hoje. Todos procuravam cultivar algum terreno, criar umas cabeças de gado e aceitar alguma tarefa para ganhar uma renda extra.

Numa das parábolas, fala do problema do desemprego, do emprego e do subemprego: a dos homens que estão na praça pública à espera de quem os contrate. Umas vezes, havendo falta de trabalho, seria Jesus um deles; em outras ocasiões, iria Ele buscar lá trabalhadores para serviços esporádicos.

Não era um "senhor", com servos permanentes às suas ordens, nem um servo permanente às ordens de nenhum "senhor". Mas não via nenhum inconveniente em ser uma coisa ou outra. Aceitava a ordem social tal como era, embora, quanto à escravatura, só se refira a propósito do pecado: *Quem peca é escravo do pecado* (Jo 8, 34). O pecado escraviza, faz perder a dignidade humana.

Aliás, a escravatura teve várias modalidades, começando por constituir um avanço civilizacional: em vez de matar os vencidos, conservar-lhes a vida. Os primeiros cristãos não tinham vergonha de ser escravos ou de tê-los. O estatuto legal ou social era o de menos; o importante era o modo de os tratar. Ainda antes de o Papa São Gregório Magno se intitular "servo dos servos de Deus", houve mesmo um Papa com a condição social de escravo, o Papa São Calisto. De qualquer modo, Nosso Senhor, que se faz nosso Escravo, fala apenas da servidão, e não da escravatura.

Também há patrões bons e patrões duros nas suas parábolas. Uns que desculpam o descuido dos vinhateiros e lhes dão indicações práticas para não agravarem ainda mais o seu desleixo (é o caso do joio e do trigo); outros que aceitam bem as suas sugestões (como o da figueira); outros que procuram dar ocupação e sustento aos desempregados (lembremo-nos do que vai à praça contratar todos os que encontra e lhes paga segundo as suas necessidades); os que exigem tudo o que é próprio do servidor (como aquele que não os deixa descansar antes de lhe prepararem a refeição); e outros tão generosos que são capazes de servir-lhes à mesa; os que não toleram abusos ou a falta de vigilância, e os que despedem sem dó nem piedade (pensemos na parábola do servo embriagado ou na dos talentos); outros que os despedem sem contemplações, mas apreciam e acham graça à sua esperteza (a do feitor infiel, em Lc 16, 1-13)...

Jesus conheceu todo tipo de patrões e de servos, e não privilegia nem uns nem outros. Apenas aproveita as suas diversas figuras para nos fazer refletir sobre a vida eterna.

O NEGÓCIO

A propósito dos pastores, dizia que o conhecimento familiar que manifesta do pastoreio significa necessariamente que Nosso Senhor terá acompanhado e ajudado pastores seus amigos ou vizinhos, terá cuidado das ovelhas ou cabras da sua casa e terá ouvido tantas histórias relacionadas com os rebanhos e os seus guias. Sabemos que não era esse o seu ofício, assim como não era um agricultor, mas sabia de agricultura; e não era negociante, mas sabia de negócios, e decerto alguma vez negociou.

Um carpinteiro não se limitaria às encomendas que lhe fizessem; nos tempos livres, fabricaria peças úteis em qualquer tempo — mesas, bancos, arados, caixotes, tábuas lavradas para a construção etc. E certamente as venderia a quem precisasse delas, tanto ali à porta como nos mercados. E, como em todos os velhos mercados, discutiria os preços com os clientes, até assentarem a quantia final. Esse era um hábito comum que ainda hoje se usa em muitas partes. Ninguém ouvia falar de "preço fixo".

Aliás, que preço tem qualquer produto ou artefato? Qual o seu preço justo? Quanto ao trabalho, por si mesmo, não tem preço: é uma atividade humana e, portanto, material e espiritual. Ora, o que é espiritual não tem preço. O preço convenciona-se de acordo com a procura, e será justo na medida em que satisfaça as necessidades do produtor ou do fabricante, o que deixa uma margem muito ampla à compra e venda. Por isso, o velho hábito de pechinchar tem o seu sentido; não se trata, em princípio, de enganar ninguém; é um modo clássico de chegar ao tal preço razoável. O preço fixo não é, por si mesmo, o mais correto; pode constituir, por exemplo, exploração do cliente, por imposição de um monopólio. E, praticamente, só se aplica aos bens elementares de consumo; porque, quando se trata de empreitadas de certo volume, de fornecimentos ou serviços importantes, os negociantes entram novamente em pechinchas eletrônicas ou em intermináveis reuniões, normalmente muito mais morosas e duras do que as da feira.

Como dito anteriormente, Nosso Senhor procederia como qualquer vendedor ou comprador do seu tempo. Não invocava a autoridade divina para os correntes afazeres terrenos, até porque essas leis e costumes do mercado correspondiam perfeitamente à vontade de Deus no domínio do trabalho humano, segundo aquilo que se chama hoje "a autonomia das realidades terrenas".

Mas, além de fazer os seus pequenos negócios — de carpinteiro, pequeno agricultor, criador de reses etc. — conhecia bem o mundo comercial, incluindo o dos cambistas e banqueiros, ou o dos negociantes de pedras preciosas... A estes se refere numa breve comparação com os que procuram a joia mais preciosa (cf. Mt 13, 45-46), que é o Reino de Deus. A parábola é brevíssima: em duas frases descreve o caráter típico de um bom negociante: bastou-lhe descobrir uma pérola excepcional para vender todas as outras que possuía e adquirir a melhor. Não teve uma hesitação; a situação era única; e aproveitou-a imediatamente.

Quem vive de negócios tem de estar preparado para qualquer eventualidade: num golpe de vista, deve aperceber-se do que vale mais ou menos: "o tempo é ouro". Se deixa passar a ocasião, fracassa; outros se adiantarão, e nunca mais haverá aquela oportunidade de ganhar...

Quem convive com pessoas de sucesso nesses campos verifica realmente neles um sentido prático invejável, mesmo em outros domínios que não os negócios: as suas perguntas costumam ser certeiras, as observações pertinentes, a tomada de posição rápida. O que não significa definitiva, pois sabem que necessitam possivelmente de mais informação. Mas o que captou foi bem captado. O que apreendeu, reteve-o. Se não lhe servir agora, servirá mais tarde.

Caso semelhante, mas ligeiramente diverso, é o do homem que descobre um tesouro em um campo que não é seu (cf. Mt 13, 44). Não o procurava; não era esse o seu ofício; mas ninguém é indiferente à sorte grande... Também não hesita: vende tudo o que tem, compra o tal campo, e o tesouro é seu! Fez bem? Fez mal? Nosso Senhor só registra a atitude desse homem para compará-la com a de quem, sem esperar, descobre a Salvação, descobre Cristo, o maior tesouro desta vida. Se, por um saco de prata ou ouro, é capaz de vender *tudo o que tem*, mais desprendido deve ser de tudo o que o impeça de seguir Nosso Senhor!

A parábola do tesouro tem o mesmo sentido que o da parábola da pérola, mas, como caso prático, é diferente. Qualquer homem honesto sabe que há direitos de propriedade, e que não pode recorrer, sem escrúpulos, ao expediente de ocultar o que descobriu em campo alheio. Embora, legalmente, não cometa nenhuma infração por adquirir o terreno, moralmente defraudou o proprietário pagando-lhe muito menos do que o terreno valia. Pesarão os direitos que lhe correspondem por ter descoberto aquela riqueza e os direitos originais do legítimo proprietário. Não tem obrigação de enriquecer de mão beijada quem não se dava conta da riqueza que possuía; e pode confiar na gratidão do dono do campo, ou desconfiar do seu sentido de justiça, e entrar portanto em negociações prudentes, justas para ambas as partes. Por exemplo, propondo-lhe receber uma porcentagem do valor do tesouro.

Como antes dizíamos, as parábolas de Nosso Senhor não são "contos morais", lições de ética social; são *flashes* da vida real, aproveitados para estimular os discípulos a ganhar o Reino dos Céus, fazendo notar repetidamente aquilo que disse em certa ocasião, precisamente a propósito de uma esperteza fraudulenta, a do "administrador infiel": *Os filhos deste mundo são mais hábeis no trato com os seus semelhantes do que os filhos da luz* (Lc 16, 8), isto é, somos às vezes mais inteligentes para o mal do que para o bem. Como diz São Josemaria em *Caminho*:

Dizes que sim, que queres. — Está bem. — Mas... queres como um avaro quer o seu ouro, como uma mãe quer ao seu filho, como um ambicioso quer as honras, ou como um pobre sensual quer o seu prazer? — Não? Então não queres.[1]

Se tens habilidade e persistência para tantas coisas que te apetecem, boas ou más, por que não as tens para o que mais interessa?

De qualquer forma, e esta é agora a nossa intenção, a parábola da pérola e a do tesouro manifestam a experiência humana de Jesus no mundo dos negócios, que não se reduz a estes casos menores; também está a par do mundo da alta gestão: vejam-se a parábola dos talentos e a das minas. O servo que devia

---

1 Josemaria Escrivá, *Caminho*, 10ª edição, Quadrante, São Paulo, 2015, n. 316.

dez mil talentos, pelas contas atuais, devia muitos milhões de dólares! Geria, em nome do patrão, uma fortuna colossal! Jesus estava a par dos problemas da alta finança, tal como conhecia bem o valor de uma só dracma para qualquer dona de casa, ou de dois tostões para uma viúva na miséria. E conhecia o sistema de recuperar "dívidas malparadas": nem mais nem menos, "vender" o devedor: vendê-lo *a ele, à mulher, aos filhos, e tudo o que tinha!* (Mt 18, 25)

E, ainda por experiência, sabia que um grande gestor pode assustar-se a tal ponto com a demissão, que, mesmo após o perdão (e que perdão, de que riquíssimo patrão!), é capaz de ser cruel com os que lhe devem muitíssimo menos do que ele devia. É a parábola do servo ingrato. Quase esgana o seu pobre devedor, por não lhe pagar uma fração mínima do que lhe foi perdoado, e manda-o prender, até saldar a dívida!

É claro que os trezentos denários que exige não são coisa pouca para quem estava a ponto de cair na miséria: representavam três vencimentos mensais de qualquer trabalhador. Mas que diferença com a sua dívida! E o medo da miséria torna-o miserável: manda o outro para a cadeia, ou resolve vendê-lo com toda a sua família!

"Com toda a sua família! Que brutalidade a desses tempos!", pensamos. E agora, não acontece o mesmo? Qual é o banco que se satisfaz com a fortuna de alguém, casado com separação de bens, como garantia do empréstimo que lhe faz? Não, senhor, o outro cônjuge também deve responsabilizar-se! Se não pagar, toda a família será responsável! Até o último centavo... mais os juros!

O "tempo de Jesus" é, na verdade, o nosso tempo, o mesmo tempo de todas as gerações. Não fala para seres ideais, mas para *esta geração perversa*, como dizia São Pedro (At 2, 40). Vem salvar os pecadores; não os justos, os perfeitos, que não existem. Sabe, *por um saber todo de experiência feito*, que somos *um povo exasperante*, como dizia o Senhor a Ezequiel (Ez 2, *passim*). *Se vós, que sois maus*, desabafa também Jesus com os discípulos, *dais boas coisas aos filhos...* (Mt 7, 11) *Até quando estarei convosco? Até quando vos hei de suportar?* (Mt 17, 17)

Graças a Deus, suportou-nos até a morte, *e morte de Cruz* (Fl 2, 8)!

AS ARTES

Como verdadeiro Homem, tudo lhe interessava, desde os jogos de crianças aos jogos políticos e financeiros, desde as rivalidades infantis às guerras entre reinos, desde a cosedura de um tecido às bodas reais... E tudo lhe servia de reflexão e lição para a vida eterna. Não tinha um olhar distraído sobre o que se passava ao seu redor, nem, como já temos visto, "idealizava" a realidade. Sabia de catástrofes naturais e de crueldades humanas, de tempestades e de fúrias de tiranos, mas não lhe faltava o olhar contemplativo sobre os lírios do campo, as avezinhas do céu, o milagre das sementes, os cuidados da galinha com a ninhada de pintos, as ovelhas atentas à voz do pastor...

Olhai os lírios do campo! [...] *Digo-vos que nem Salomão, em todo o seu esplendor, se vestiu como um deles* (Mt 6, 28--29). Isso é poesia! Que alfaiate, que modista, seria capaz de produzir tal beleza, com tal sutileza e harmonia de cores? A Natureza será sempre a maior inspiradora do artista. O artista, afinal, nunca fará mais do que descobrir e tentar reproduzir as mil harmonias da Criação, sejam as da paisagem rural ou urbana, sejam as da figura humana com tão diferentes expressões... O artista é um contemplativo; tudo para ele é novo, nunca visto... daquela sua maneira!

Há artistas e artistas, é claro. Alguns só repetem, melhor ou pior, o que outros "viram" ou "criaram". E por que não? Embora sem o valor da novidade, da originalidade, vão difundindo um certo olhar diferente sobre o mundo. Por que não existiriam "escolas", estilos, modas artísticas? Até porque os simples "copiadores" ou repetidores acabam por dar sempre um tom pessoal ao que imitam. Na maioria das vezes, empobrecendo-o, é verdade, mas, mesmo assim, comunicando algo de valor. Nunca se divertiram, por exemplo, com as "Vênus de Milo" em barro tosco? Ou com "a cervejeira", "o menino chorão", *l'enfant qui pisse* em cimento etc.? Dirão: isso não é arte! Mas serve ou não serve para decorar uma cozinha mal-arrumada? Ou o gramado plástico de uma moradia tipo *maison*? É ou não é um objeto "inútil" a invocar um olhar não pragmático sobre o mundo?

Peço desculpa por esse primeiro exemplo de "contemplação artística". É só para dizer que até o mau gosto, o pior gosto possível, manifesta a necessidade humana da beleza e da transcendência, a superação da superficialidade, a interrogação sobre o mistério do mundo e da nossa existência, o sentido da vida. *Nem só de pão vive o homem* (Mt 4, 4). Já acima foi dito que a inteligência tem mais fome do que o estômago: por que e para que estamos aqui? "Isto", o que é? De onde vem? Para que serve? Há mais alguma coisa do que sobreviver?... Ainda antes de filósofo, o homem foi artista. Ainda antes da palavra, Deus revela-se na grandeza e harmonia do universo.

A primeira expressão da inteligência é o assombro. Oxalá nunca o percamos! Ora, para isso trabalham os artistas: para nos surpreenderem uma vez e sempre com a redescoberta das harmonias universais, exprimindo o "inexprimível", o inefável.

Olhai os lírios do campo! Não passeis os olhos por eles sem agradecerdes ao Criador o seu encanto, essa oferta de beleza que Ele vos faz!

Seria agora o momento, talvez, de citar algum místico ou poeta, mas o que vem à mente é um detetive, o famoso Sherlock Holmes, num aparte nada habitual nas suas histórias, desconcertando quem estava à sua volta — e o leitor. É na história *O Tratado Naval*. Quando esperavam dele alguma arguta observação sobre o mistério que investigava, viram-no tomar e comentar:

> Não há nada em que seja tão necessária a dedução como na religião!... A religião pode ser construída como uma ciência exata. A nossa maior certeza da bondade da Providência parece-me vir das flores. Todas as outras coisas, os nossos poderes, os nossos desejos, os alimentos, são uma necessidade básica da nossa existência. Mas esta rosa é um extra! O seu aroma e a sua cor são um embelezamento da vida; não uma condição dela. Ora, só a bondade oferece extras, e por isso

repito que muita da nossa esperança vem das flores.

Está muito bem dito: as flores, qualquer beleza "gratuita", qualquer dom imerecido não despertam apenas o nosso prazer, mas a esperança: são um sinal certo da bondade divina. "Obrigado, meu Deus", desvanecia-se Catarina de Sena, "por teres criado esta flor para mim!" Aquela flor não era, abstratamente, um dom à "humanidade", mas a ela, a quem era dado ver aquela prenda de Deus. Era mais um presente de amor, mais um penhor do amor pessoal de Deus por Catarina!

Jesus, verdadeiro Homem, assim via toda a Criação: como oferta do Pai ao seu Filho encarnado. O Verbo, por Quem tudo foi feito (cf. Jo 1, 3), via agora a Criação "do ponto de vista" da criatura, e confirmava o que Ele mesmo, com o Pai e o Espírito Santo, declarara *no princípio*; tudo é bom, tudo muito bom! Muito superior ao que o homem conseguia fazer e até imaginar! *Nem Salomão, em todo o seu esplendor*, seria capaz de produzir tanta beleza!

Isto é poesia, esse irresistível impulso humano de dizer o que é impossível de exprimir; e que, algumas vezes, se tenta exprimir com palavras, ou, outras vezes, com a dança, o canto, a festa... Razão tinha Pieper ao afirmar que todas as festas, por mais mundanas que pareçam, no fundo são religiosas, porque significam sempre que estamos de acordo com Deus: *la vita è bella!*

Jesus cantava? Sem dúvida. Qual é o homem feliz que não canta? Jesus dançava? Qual é o menino que não baila de alegria, e por imitação do ritmo dos que vê dançar? E quando jovem? E quando adulto? Não sei. Depende dos costumes de cada povo, e da maneira de ser de cada pessoa. Se fosse catalão, não teria vergonha de dançar a "sardana", possivelmente; se fosse minhoto, não O imagino a dançar o "vira"... Não sei como eram os cantos e as danças israelitas, nem o que seria mais ou menos digno para Ele. Mas que apreciava a música e o baile, vê-se pelo remate da parábola do filho pródigo. Era algo tão "necessário" como o vinho nas bodas de Caná.

Se cantava? É claro que sim, e outra evidência é a de que o culto divino, qualquer cerimonial religioso, incluía obrigatoriamente o canto. Os salmos eram cantados. Não eram originariamente poemas para recitar, mas cânticos em louvor de Deus, embora pudessem ser recitados simplesmente na oração pessoal, assim como vários outros hinos da Sagrada Escritura, nomeadamente o chamado *Cântico dos Cânticos*, destinado aos festejos matrimoniais.

É fácil imaginar, com toda a verossimilhança, São José cantando — ou cantarolando — enquanto trabalhava; talvez, de quando em quando, com a intervenção harmoniosa e alegre de Nossa Senhora, cuja voz enchia de luz aquela oficina... Não os acompanharia Jesus? Certamente, e com que gosto! Eram momentos deliciosos do dia para os três, e que atrairiam quem tivesse a sorte de os ouvir.

Belos tempos em que os trabalhadores cantavam — e ainda cantam em tantos lugares —, atenuando a fadiga e animando-se mutuamente! Ou no regresso dos trabalhos árduos, a caminho do lar... Uma das mais belas recordações da minha infância é as dos grupos de mulheres cantando ao pôr do sol, após um dia de trabalho nas fábricas de fiação, em passo ligeiro e ritmado, através do parque de plátanos dourados...

Jesus cantava, sim, e que bem cantava!

FARISEUS E PUBLICANOS

Só Deus conhece perfeitamente e julga justamente o que vai por dentro do homem, mas a ninguém escapam atitudes externas que revelam de algum modo os hábitos e as disposições íntimas das pessoas. Só Deus sabe, porém, o que vale efetivamente cada alma. Ocasião talvez de recordar a resposta de São Francisco de Assis quando alguém lhe perguntou o que pensava de si mesmo:

— Que sou o mais miserável dos homens...

— Irmão Francisco! Vamos falar a sério? Como pode pensar isso de si, se há tantos ladrões, bandidos, adúlteros...

— Olha, a única coisa que sei são as graças que o Senhor me concedeu, e a que não fui fiel... Que sei eu das graças que Deus lhes deu a eles?

Não se tratava de uma humildade fingida; era uma humildade "científica". Para formular um juízo sobre si mesmo, só podia partir de um dado certo: Deus tinha-o coberto de bênçãos espirituais; e de outro dado, igualmente certo: os seus pecados. Das outras almas não sabia. *A quem muito foi dado, muito se exigirá; e a quem muito foi confiado, muito se pedirá* (Lc 12, 48). As parábolas dos talentos dizem isso mesmo. Só Deus pode fazer as contas. Os nossos juízos serão forçosamente superficiais, embora seja inevitável fazê-los; não sobre as pessoas em si mesmas, mas sim sobre os seus hábitos, atos e palavras. A nossa consciência moral está sempre em atividade sobre o que fazemos e o que vemos fazer ao nosso redor. Mas que um homem se drogue não me permite saber se ele é culpado ou não por esse vício; só me permite afirmar que tem um mau hábito. Que alguém louve a si mesmo constantemente não me dá a certeza de que é um soberbo; pode ter um complexo de inferioridade que o aflige a toda hora, e a toda hora procura superar... Um terrorista pode não ser um malvado, mas alguém tão deformado pela educação recebida que considera matar uma obrigação de consciência. Já Nosso Senhor nos preveniu: *Virá o tempo em que todo aquele que vos matar julgará fazer nisso um serviço a Deus* (Jo 16, 2). Por outro lado, as pessoas podem mudar em qualquer momento da vida, como São Paulo ou o Bom Ladrão (para o bem) ou como Judas (para o mal).

Sirva isto de prólogo à parábola do fariseu e o publicano. Faz parte da experiência da vida o conhecimento dos outros, até porque não conseguimos saber alguma coisa de nós sem comparação: só reparo que sou teimoso quando me aborrece a teimosia alheia... (Bom, às vezes, nem assim...) Dizia Confúcio que, quando acompanhava alguém, tinha sempre dois mestres: as virtudes do outro, para as imitar; e os seus defeitos, para os evitar.

Vai longo este prólogo. O Senhor disse duas coisas aparentemente contraditórias: *Não julgueis ninguém* (Mt 7, 1) e *pelo fruto se conhece a árvore* (Mt 12, 33). Então, podemos ou não julgar os outros? Podemos "conhecê-los" sim, mas não "julgá-los". Há virtudes e defeitos evidentes: o samaritano era, sem dúvida, um homem de bem; tudo no seu comportamento revela uma generosidade enorme e tudo nos revela nele um homem simples, desprendido, para quem a vida do outro valia mais do que os seus interesses pessoais; os que arrastam a mulher apanhada em adultério, humilhando-a e aproveitando-se dela para comprometer o Mestre, ou aqueles que O elogiam para

O fazerem cair em outra armadilha, e tantos outros que procuram enredá-lO, sob falsos pretextos, são claramente gente ardilosa, mentirosa, invejosa. São *sepulcros caiados*: querem ser respeitados e honrados como judeus íntegros, mas, por dentro, só há orgulho, mesquinhez e desejo de superioridade.

Mesmo esses podem ter sido vítimas de uma educação formalista, a que não souberam fugir, e esses mesmos podem vir a ser homens de consciência íntegra mais tarde. Por isso o Senhor consente em dialogar com eles, na esperança da sua conversão. Mas, quando os repreende, não pensa apenas neles; pensa no grande perigo que representam para os seus discípulos: *Guardai-vos do fermento dos fariseus* (Mt 16, 6), que é a hipocrisia! O que mais receia não são as fraquezas morais, os pecados, pois isso tem remédio, com o arrependimento sincero e o perdão divino; *o que não tem perdão*, como Ele disse, são os pecados *contra o Espírito Santo* (Mc 3, 29), isto é, os pecados contra a verdade, o fingimento, a falta de sinceridade, o encobrimento do próprio pecado, como não tem remédio o doente que finge não estar doente. Nosso Senhor tem remédio para todas as *doenças* da alma, mas não para todos os *doentes*, pois estes podem recusar-se a ser curados.

Essa figura de quem procura parecer bom, mas sem querer ser melhor, sem lutar contra os seus defeitos, é retratada na parábola do fariseu e o publicano. Quantas vezes presenciou Jesus a atitude arrogante de homens cheios de sinais externos de religiosidade: as filactérias pendentes da testa ou dos braços, as borlas dos mantos, os gestos espetaculares de devoção, as esmolas dadas à vista de toda a gente, as intermináveis rezas em locais públicos, o ar de vítimas em tempos de jejum, as solenes citações da Torá para admiração do povo ignorante!... E depois, a procura dos primeiros lugares no Templo e nas casas, marcando bem a primazia que davam a si próprios!...

Ai dos que se enganam a si mesmos para obterem consideração terrena! Trocam a glória divina por um prato de lentilhas! Felizes os que reconhecem as suas fraquezas e se acusam sinceramente dos seus pecados, confiados apenas na misericórdia de Deus! Tão insidiosa é a tentação da mentira, do fingimento, que Nosso Senhor instituiu um sacramento da sinceridade: o da Penitência. A ele devemos recorrer frequentemente, agradecendo esta "segunda tábua de salvação", como lhe chamavam os primeiros cristãos.

Mas só aprendemos a confessar bem quando adquirimos o hábito de nos examinarmos também com frequência, e procuramos ser sinceros a toda hora.

ESTE MUNDO DESIGUAL

As misérias e injustiças desta vida não O impediam de ser feliz: se Ele viera precisamente para nos salvar! Não era um idealista, desses que, não sabendo como reformar os homens, se empenham em "reformar a sociedade", o que, no fundo, significa que "estes" homens — as pessoas reais — não lhes servem. É a velha história de um "sábio" que nunca vira o mar e quis inventar um sistema de aproveitamento da energia das marés, e que, ao tentar aplicá-lo, chegou à conclusão de que "aquele mar" não lhe servia. Não, Nosso Senhor sabia perfeitamente da nossa fragilidade: Ele sabe de que barro somos feitos (Sl 102, 14), lembra o salmista. Ele sabe demais como somos e como nos degradamos tão facilmente. Ele já conta com *um povo recalcitrante* (Ez 12, 2). Justamente por ser recalcitrante e perverso, louco de soberba, de avareza e de sensualidade, é que Ele desceu dos Céus, cheio de misericórdia. E traz remédio para todos os males, físicos e morais: o remédio é Ele mesmo, a Vida, a infinita felicidade.

Por isso, assiste, condoído, mas sereno, à nossa história, que passa a ser sua também e, por isso mesmo, a História da Redenção. Não é um idealista sonhador nem um conformista anestesiado; é Deus bendito, nosso Pai e Irmão, que tudo resolverá a seu tempo e que transformará esta miséria em felicíssimo convívio por toda a eternidade, no Céu.

Não é de estranhar tanta desordem social, tanta injustiça, tanta violência e tanta guerra; o que seria de estranhar seria que voltássemos as costas a esses problemas, como se não fossem nossos.

Com maior ou menor responsabilidade da nossa parte, só faltava que desistíssemos de tratar deles, enquanto o inocentíssimo Jesus, nosso Deus, não tem repugnância em assumi-los totalmente, como nosso irmão, e se dispõe a morrer pela nossa salvação.

Ele vê as desigualdades deste mundo sem se perturbar, como um médico se alegra com os doentes que se lhe confiam, sabendo que muitos serão curados. Só não há remédio para os que se recusarem a tomá-lo. Jesus vê o rico e o pobre, o venturoso e o aflito, o cruel e a vítima, o arrogante e o paciente, e está disposto a tratar todos.

Havia um homem rico que se vestia de púrpura e se banqueteava abundantemente todos os dias (Lc 16, 19); e um pobre que se sentava num degrau da escadaria, esperando, em vão, receber qualquer migalha que caísse da farta mesa e lhe matasse a fome, mas nem isso lhe tocava... Sim, Ele viu tantas vezes desigualdades chocantes, e até revoltantes, mas não estranhou nem se escandalizou. Continuou trabalhando e ajudando, como podia humanamente, os pobrezinhos. Porque também via outra cena, bem diferente, depois de falecerem ambas as personagens da parábola. Tinha mais pena do rico do que do miserável; pois, embora o pobre Lázaro não sonhasse com um prêmio por sua paciência, havia de recebê-lo; mas o outro, coitado, mal sabia como ainda era mais pobre do que Lázaro e que destino seria o seu! Para esses, para quem julga ser mais por ter mais, é que contava a parábola: a ver se os despertava do engano das riquezas deste mundo.

Em muitas regiões do globo, a massa dos famintos e desamparados constitui um espetáculo tão comum que os outros nem reparam neles, como se não existissem. Os outros são indiferentes porque não adiantaria nada dar tudo à massa de pobres, e porque também querem viver com um mínimo de conforto. Maldade? Sim, somos muito maus, mas sobretudo somos estúpidos: não sabemos como resolver efetivamente os grandes problemas da miséria. Ninguém espera isso de cada um de nós; mas o que não podemos é desinteressar-nos do "próximo", dos que estão mais perto de nós e passam grandes necessidades. Diz um velho provérbio: "se cada um varre a rua diante da sua casa, toda a cidade fica limpa". Não se pede a cada um que resolva tudo, mas que auxilie quem vê diante de si.

Nosso Senhor não veio resolver os problemas sociais, porque essa é justamente a nossa tarefa, mas compadeceu-se de quem a Ele recorria, ou de quem via sofrer perto de si. Ainda que a bolsa dos Apóstolos fosse magra, sempre havia algo para dar aos mendigos. Quando diz a Judas que faça depressa o que tem de fazer, os outros Apóstolos não ficam intrigados; supõem que se trata de dar alguma esmola, como seria habitual. E nós, como nos defendemos de puxar os cordões à bolsa! "Eu cá, prefiro dar a instituições de caridade..." Mas, se nos perguntam quais, por acaso não nos lembramos do nome... "Há tantos trapaceiros por aí!..." Mas esses que mendigam são trapaceiros pobres, porque os trapaceiros ricos não costumam estender a mão para cima; mas sim em garra, para baixo... "A gente sabe lá se vão gastar em bebida ou drogas!..." Mas os alcoólatras e os drogados também precisam comer!...

Há quem lance toda a responsabilidade sobre o Estado. Suponho que, ironicamente, Oscar Wilde rejubilava com o socialismo de Estado pela "bonita" razão de que, com esse sistema, os particulares ficavam dispensados de se debruçarem sobre o "nojo" da miséria popular... A observação exprime bem o individualismo que se vai acentuando à medida que a miséria se estende por grandes manchas da população, criando como que uma classe irrecuperável, que sobrevive abaixo do mínimo vital. Não, não podemos confiar tudo ao Estado, embora seja justo que este procure manter todos os cidadãos num nível econômico digno; não devemos confiar no Estado, porém, pela razão que dava Eça de Queirós: porque, entre todos os organismos oficiais, não há nenhum com forma de coração... Quantas crueldades brotam das mais generosas legislações sociais! Quantos marginais são fruto de burocracias cegas e surdas aos mais urgentes pedidos de socorro!

Deixemo-nos de justificações. É verdade que não podemos dar esmola a todos, nem resolver com ela os seus problemas, mas sempre é um amparo fraterno. E, já agora, recordemos aquele episódio passado num semáforo, quando o condutor abriu a janela e depositou a moeda na mão do pedinte: "Olhe para mim!", protestou ele, como quem diz: "Eu não sou só esta mão! Eu sou um homem, seu irmão!"

A esmola é mais do que a moeda; pode ser um olhar, um sorriso, uma palavra, uma escuta, um conselho prático... Não há só a pobreza de dinheiro; há solidões, sofrimentos, lutos, amarguras, ignorâncias, cansaços, desilusões. Por vezes, falta a esmola de uma correção fraterna, que levante o moral daquele homem e o anime a enfrentar a vida com coragem. Outras vezes, um chamamento à responsabilidade, à honradez, ao brio profissional. Outras, ajudar alguém a descobrir as suas próprias potencialidades. Outras, fazê-lo levantar os olhos para dimensões superiores da vida, que esquecera ou que nem suspeitava...

CONCLUSÃO

Jesus conheceu por experiência adquirida o homem e o mundo tais como eram e tais como ainda são, e viveu no meio de nós sem ingenuidade nem revolta, sem se escandalizar nem se conformar. Verificou como cada um de nós e cada geração são campos de trigo contaminados pelo joio, pelo mal que o inimigo dos homens e de Deus semeou. Mas não veio julgar nem condenar ninguém; veio para nos salvar, dando tempo ao tempo, pois é no tempo que existimos e nos desenvolvemos. Somos seres temporais, com inclinação para o mal e lentos para a correção. Não nos tratou como anjos nem como bichos; tratou-nos como as mães tratam os filhos travessos, ou como o médico trata os seus doentes. Não foi alheio a nada do que se passava ao seu lado. Conheceu as estruturas e os costumes sociais com as suas luzes e sombras. Falou para nós e não para seres ideais. Foi neste mundo que nos redimiu e é neste mundo que nos santifica.

Com mundos e tempos ideais sonhamos nós muitas vezes, desculpando as nossas fraquezas enquanto esses utópicos mundos e tempos não chegam. É aquilo a que São Josemaria chamava "mística do oxalá":[1] oxalá eu fosse mais novo, oxalá fosse mais velho, oxalá fosse solteiro, oxalá fosse casado etc. Oxalá as circunstâncias fossem tão favoráveis que a virtude não exigisse nenhum esforço!

---

1 Cf. *Questões atuais do cristianismo*, 2ª edição, Quadrante, São Paulo, 1986, n. 116.

Talvez seja um bom momento de louvar uma virtude bastante evocada e pouco conhecida: a paciência. Desconhecida, por se confundir habitualmente com a longanimidade. A longanimidade é o bom hábito de "dar tempo ao tempo": como não podemos corrigir-nos de um instante para o outro, havemos de contar com o tempo para melhorar em algum aspecto, e contar com ele para que se corrijam os outros, ou para que se resolva alguma situação inconveniente, ou para se obter a cura de uma doença etc. Enquanto nos esforçarmos por isso — pois longanimidade não é passividade —, somos "longânimes". A paciência é virtude diferente: começa quando a longanimidade acaba, isto é, consiste no bom hábito de conformar-nos com uma doença, ou qualquer outra situação desagradável, ou com os defeitos alheios, ou até com os nossos, quando verificamos que tais assuntos "não têm remédio". No caso dos nossos defeitos, nunca se deve desistir, nem quanto aos defeitos alheios, mas pode chegar um momento em que compreendamos que o Senhor quer provar a nossa humildade com a persistência de certas fragilidades que nos envergonham, ou a nossa caridade com as fraquezas do próximo.

A paciência é uma virtude romântica, apesar de não o parecer à primeira vista. E é romântica porque sem ela não há verdadeiro amor ao próximo: ao próximo verdadeiro, ao verdadeiro e autêntico próximo. Não há ninguém sem defeitos; ora, se, para amar alguém, esperamos que deixe de os ter, nunca amaremos a pessoa real; estaremos sempre à espera de que ela seja diferente para lhe querermos bem.

Repare-se, por exemplo, como é frequente os pais enervarem-se com um filho por não ser como o primo ou por não ser tão bom aluno como um colega, ou como era o pai na mesma idade... Repare no rancor da mulher por o marido não ser tão bem colocado como o sogro; nas zombarias do marido por a mulher não se pentear como a vizinha... Enfim, na teimosia com que passamos o tempo a comparar este com aquele, esta com aquela... E os outros deveriam ser sempre diferentes do que são! Então quem amamos: a pessoa real ou a virtual com que sonhamos? Recordo o conselho de um sacerdote a um rapaz, quando lhe perguntou se já tinha noiva:

— Ainda não, mas já tenho o meu ideal, respondeu-lhe o moço.

— Pois não tenhas! Senão a tua mulher vai ter ciúmes.

Nosso Senhor ama as pessoas reais, com virtudes e defeitos. Com todas lidou com simpatia, com benevolência, com paciência. E aí está a razão da nossa esperança: Jesus conhece-me, mas não deixa de amar-me por ser quem sou nem por ser como sou. Não desiste, é certo, de me converter, mas não espera que eu me converta para me querer bem, infinitamente bem.

Direção geral
Renata Ferlin Sugai

Direção de aquisição
Hugo Langone

Direção editorial
Felipe Denardi

Produção editorial
Juliana Amato
Gabriela Haeitmann
Karine Santos
Ronaldo Vasconcelos

Capa
Karine Santos

Diagramação
Sérgio Ramalho

ESTE LIVRO ACABOU DE SE IMPRIMIR
A 08 DE DEZEMBRO DE 2024,
EM PAPEL OFFSET 75 g/m².